LE WOKIKSUYA KE HE HUNK EHAIN LAKOL OYATE EYA WOAKIPA UHAPE HENA
UN WOUNIHA WE CHA CHGAPE

DEDICATED TO THE PEOPLE OF WOUNDED KNEE – PAST AND PRESENT

IM GEDENKEN AN DIE OPFER VON WOUNDED KNEE – DEN LAKOTA IN IHRER
VERGANGENHEIT UND GEGENWART GEWIDMET

HELGA LOMOSITS / PAUL HARBAUGH

Lakol Wokiksuye

ZUR GESCHICHTE DER PLAINS
VON LITTLE BIGHORN BIS WOUNDED KNEE
1868–1890

Umschlagbild vorne: Rain-in-the-Face
Umschlagbild hinten: Rain-in-the-Face. Photographie von D. F. Barry, 1888/89 Standing Rock Agentur

ISBN 3-224-17633-4

© Copyright 1990 by Jugend und Volk Verlagsgesellschaft m.b.H., Wien
© Copyright 1996 by Verlagsbuchhandlung Pichler Ges.m.b.H., Wien
Alle Rechte vorbehalten.

Lektorat: Dr. Johannes Sachslehner
Einbandgestaltung: Bruno Wegscheider
Reproduktion: Atelier Laut, Wien
Druck: Theiss, Wolfsberg

Erinnerung oder Geschichte?

Als Autorin freue ich mich, daß Sie diesen besonderen Photoband für Ihre Lektüre ausgewählt haben. Die Idee zu diesem Buch entstand im Jahre 1988 auf der Pine Ridge Reservation im Bundesstaat South-Dakota während eines Gesprächs über die Gedenkfeierlichkeiten, die die Lakota zur hundertsten Wiederkehr des Massakers von Wounded Knee planten. Gemeinsam mit Birgil Kills Straight, Mike Her Many Horses und Milo Yellow Hair, der 1996 zum Vizepräsidenten des Oglala Lakota Tribal Councils gewählt wurde, entstand in der Folge in Zusammenarbeit mit Vertretern der Lakota-Familien, mit Stammeshistorikern, Ethnologen, amerikanischen sowie europäischen Institutionen ein umfassendes Projekt, das zwischen 1990 und 1995 in acht europäischen Ländern präsentiert wurde.

1993 erhielt die begleitende Photoausstellung „LAKOL WOKIKSUYE. Zur Geschichte der Lakota zwischen Little Big Horn und Wounded Knee" eine Anerkennung der Vereinten Nationen und wurde offiziell in das Programm des „Internationalen Jahres für Eingeborene Völker" aufgenommen. Die mit 140 Bildern bestückte „Einführung in die visuelle Geschichte der Lakota" wurde in der Stadt Carcassonne von 90 000 Besuchern betrachtet.

Die Photographie stellt eine junge Entwicklung in der Geschichte der bildlichen Aufzeichnungen der Beziehung zwischen den „Indianern" und den „Weißen" dar. Mitte der 40er Jahre des 19. Jahrhunderts entstanden die ersten Photographien, zu einem Zeitpunkt also, zu dem sie oftmals bereits aus ihren Territorien vertrieben oder umgesiedelt worden waren. Die Aufnahmen dieses Buches stammen aus der Epoche der „American Frontier" und zeichnen die Zeit zwischen den Friedensverträgen von 1868 und dem Blutbad von Wounded Knee 1890 nach. Sie sind Teil der Sammlungen von Paul Harbaugh, der Denver Public Library und der Nebraska State Historical Society.

Der Photographie war als komplementäres Subprodukt der technischen Revolution die Eigenschaft zugeschrieben worden, die Wirklichkeit als solche – in Anlehnung und als Verbesserung der Malerei – unverfälscht darstellen zu können. Sie wurde Hilfsmittel und unverzichtbares Element für die Chronik von der Eroberung des Westens. Grundsätzlich galt das Interesse der frühen Reisephotographen, die mit ihren Aufnahmen das Bild des Westens formten, den Personen des militärischen und später des zivilen Lebens. Der „Indianer" als Handelnder kam nicht nur aufgrund der technischen Schwierigkeiten sehr selten ins Bild. Die Belichtungszeit der damaligen Kameras erlaubte es nicht, Aktionen vor Ort aufzunehmen, ganz abgesehen von jenen dramatischen Situationen, von denen heute angenommen werden kann, daß keine Photographen anwesend waren oder von denen Hinweise überliefert sind, daß keine Photographen überlebt haben. Die Photographien aus den Frontierstädten und Landschaften jener Zeit sind beeindruckende Spiegelbilder einer Epoche, zugleich legen sie Zeugnis davon ab, mit welchen Mühen die frühen Photoarbeiten verbunden waren.

Man kann die Photopioniere, von deren Arbeiten oftmals keine Negative mehr vorhanden sind, auch als saisonale Nomaden bezeichnen, die abenteuerlustig auf der Suche nach einer neuen Existenz mit etwa 200 kg Ausrüstung (Kamera mit Linsen, Dreifuß, Dunkelzelt, Glasplatten, Chemikalen) in ein Territorium zogen, das vom Kongreß der Vereinigten Staaten zur Besiedelung freigegeben worden war. So reiste der junge David F. Barry, beeindruckt vom Sieg der Lakota in der Schlacht am Little Big Horn und der Legende vom Oberstleutnant Custer, per Wagen, Pferd und Dampfschiff in der Hoffnung in den Westen, als erster die „feindlichen" Lakota-Strategen photographieren zu können. So entstanden ab 1881, nachdem den aus dem Exil zurückkehrenden Lakota Waffen und Pferde abgenommen worden waren, die berühmten Porträts von Gall, Crow King, Low Dog und Sitting Bull.

Oftmals findet man in der ethnographischen Literatur die Bezeichnung „Schattenfänger" *(shadow-catchers)*, und das weist darauf hin, daß die Indigenen in den fremden Menschen mit der Kamera Wesen erblickten, die in geheimnisvoller Weise über Raum und Zeit verfügen konnten. Im Hinblick auf die eigene Selbstdarstellung hatte also ein Photo durchaus auch repräsentative Bedeutung. Die Reisenotizen der Photographen David F. Barry oder Henry W. Jackson geben darüber Auskunft, daß nicht „philosophische" Unterschiede bei der Kontaktnahme oder der Verweigerung einer Aufnahme im Vordergrund standen, sondern daß die Personen, die photographiert werden sollten, einfach darüber verfügten, welchen Zugang sie den Photographen erlaubten. Sie entschieden oftmals, welche Kleidung sie für eine Abbildung angebracht hielten, und bestimmten die Art des Tauschhandels.

Der Großteil der frühen Photographien aus dem „Native North America" sind Porträts. Die Aufnahmen von Lakota-Politikern, die in den meisten Fällen nach Ansiedlung auf den Reservationen, nach Rückkehr aus dem kanadischen Exil 1881 oder im Verlauf der diplomatischen Reisen nach Washington im Auftrag der Regierung in den Studios der Delegationsphotographen entstanden, waren für den Photographen künstlerischer Triumph, für das Publikum authentisches Abbild des „unterworfenen Anderen", für die Lakota auch Bestätigung in einem Prozeß der Auseinandersetzung mit der westlichen Zivilisation.

Die Auswahl der Abgebildeten entsprach deren aktueller politischer und historischer Bedeutung. Physische Präsenz und Lebenswirklichkeit dieser Personen standen zunächst im Vordergrund des photographischen und dokumentarischen Interesses. Kurze Zeit später jedoch wurden die authentischen Erscheinungsbilder der Lakota bereits in einer Szenerie mit Kulisse, Requisiten und manchmal auch mit Kostümen geordnet; sie wurden Teil der viktorianischen Bildkultur und des Zeitgeschmacks.

Es ist heute nicht mehr exakt festzustellen, wer die ersten Photographien von Lakota-Angehörigen auf den Great Plains – also westlich des Mississippi – herstellte. Eine der frühesten überlieferten Stereoaufnahmen stammt von dem späten sehr bekannten Maler Albert Bierstadt und zeigt einen einzelnen, in eine Decke gehüllten Mann vor einem unscharf abgebildeten Tipi. Die Bildlegende „Ogalillah Sioux, Horse Creek" und der Zeitpunkt der „wissenschaftlichen" Reise – das Jahr 1859 – weisen darauf hin, daß es sich hier um die erste Photographie eines Lakota handeln könnte. 1868 photographiert Alex Gardner, der Delegationsphotograph der US-Regierungskommission, während der Friedensverhandlungen von Fort Laramie einige Lakota- und Cheyenneabgesandte. In den Washingtoner Studios entstanden bereits seit 1867 Aufnahmen, die von Indianbüros in Auftrag gegeben wurden, die ihrerseits dem Innenministerium (oder Kriegsministerium) bzw. dem Smithsonian Institut unterstanden. Die Sammlung dieser Photographien erweckt heute den Eindruck, als gäbe es Unmengen von photographischen Aufzeichnungen der „Indianer" oder der „Lakota".

Sie sind Grundstock einer visuellen Geschichte der Lakota, die allerdings anfänglich auch zu irreführenden Interpretationen führte. Der Versuch, die Masse an Photographien zu identifizieren, ist ein schwieriges Unterfangen, besonders heikel jedoch dann, wenn der Kontext jedes einzelnen Bildes wiedergegeben werden soll. Jede örtlich und zeitlich zuordenbare Photographie stellt unzweifelhaft ein Dokument in der Geschichte der Lakota-Nation dar und ermöglicht es uns, diese zu verstehen; die Aufnahmen sind Teil einer Überlieferung, die von den Lakota immer wieder neu erzählt, verändert und geformt wird.

Unbewußt schufen die Photographen also auch eine Ikonographie der Lakota. Auch wenn bereits 1851 wichtige Delegierte der Plainsindianer von Delegationsphotographen aufgenommen wurden, muß man der Ordnung halber feststellen, daß es professionelle „Indianerphotographen" als solche zwischen 1860 und 1890 auf den Great Plains und in den Dakota Territories nicht gab. Der „Indigene" stellte kein eigentliches kommerzielles photographisches Sujet dar, auch wenn David F. Barry ab 1880 seine gesamte Karriere darauf aufbauen konnte, die berühmtesten „Sioux-Krieger der Schlacht am Little Big Horn" photographiert zu haben. Sein Lebenswerk entstand zum Großteil in der Nähe der Reservation Standing Rock in North-Dakota und weist heute einen Umfang von ca. 5000 Negativen auf, die erhalten geblieben sind. Davon widmen sich 200 Photographien dem Thema „Indianer". Dazu kommt, daß die Bilder der 7. Kavallerie, der Offiziere und Scouts, die von ihm kommerzialisiert wurden, eigentlich von seinem Lehrmeister Orlando S. Goff in den 70er Jahren des 19. Jahrhunderts während langer Winteraufenthalte in den Forts der US-Armee aufgenommen wurden.

Die im letzten Viertel des 19. und im ersten Jahrzehnt des 20. Jahrhunderts von vielen Amateuren benutzen leichteren Kameras erlaubten Bilder, die jene Veränderungen festhielten, die für die Gesellschaft der Lakota nach Ansiedelung auf den Reservationen entscheidend geworden waren. Händler, Missionare und Regierungsbeamten wurden zu Chronisten der Integration, sie trugen aktiv zur weiteren Legendenbildung über den Westen bei und dokumentierten die zivilisatorische Anpassung der Lakota.

Es ist verständlich, daß die anfängliche Begeisterung meiner Gesprächspartner auf der Pine Ridge Reservation sehr bald in scheue Zurückhaltung umschlug. Die beeindruckenden Photographien des 19. Jahrhunderts riefen unwillkürlich großen Stolz hervor, begleitet von bitterer Erinnerung. Die Arbeiten des Photographen Clarence G. Morledge etwa, die wegen ihres sepiafarbenen Tons als historische Dokumente besonders anziehend sind, bewirkten gleichzeitig vielfach Distanz. Oftmals waren die Abgebildeten auf den Photographien Angehörige von Familien, die im Massaker von Wounded Knee Opfer zu beklagen hatten.

Dort, wo wir zeigen wollten, wie die Lakota am Ende des Jahrhunderts das Überleben ihrer Kultur gewährleisteten, fanden wir nur wenige Bildbelege. Zwischen November 1890 und Juni 1891 entstanden auf der Reservation Pine Ridge Photographien, die in einzigartiger Weise an Elemente der modernen Photographie erinnern. Innenaufnahmen der Wohnhäuser von Red Cloud oder American Horse zeigen, in welch kultureller Distanz zur Lakota-Gesellschaft die Photographen arbeiteten.

Der amerikanische Sammler und Photograph Paul Harbaugh produzierte für dieses Buch moderne, im Tageslichtverfahren hergestellte Abzüge der Glasplatten und ermöglichte durch die sorgfältige Bearbeitung und Restaurierung des gesamten erhaltenen Materials eine erste Ausstellung dieser Photographien.

Helga Lomosits
Montpellier, 13. Juni 1996

DER PHOTOGRAPH PHOTOGRAPHIERT EINEN PHOTOGRAPHEN
Photographie von C. G. Morledge, Pine Ridge, 1891.

BEI FORT LARAMIE 1868
v. l. n. r.: Spotted Tail, Roman Nose, Old-Man-Afraid-of-His-Horses, Lone Horn, Whistling Elk, Pipe und Slow Bull.
Photographie von Alexander Gardner, 1868.
Die Vereinigten Staaten unterzeichneten mit der souveränen „Sioux Nation of Indians" 35 Friedens-, Handels- und Landabtretungsverträge. Erst 1851 wurden zum ersten Mal die Territorien der einzelnen Gruppen vertraglich festgelegt. Der Vertrag von Fort Laramie 1868 sicherte die „Great Sioux Reservation" für alle Zeiten.

VERTRÄGE, KOMMISSIONEN UND RATSVERSAMMLUNGEN

Durch die Expansion des Siedlungswesens beschloß der Kongreß der Vereinigten Staaten 1871, Indianern den souveränen Status unabhängiger Nationen abzuerkennen und ihr Land mittels allgemeiner Verordnungen und Gesetze aufzuteilen: „Now you see the Government has more children than you; ... you are the children of the Great Father; so are the white people; and the Great Father has to do what is best for all."
(aus einer Ansprache des Innenministers an eine Delegation bestehend u. a. aus Red Cloud, Spotted Tail, Little Wound in Washington, am 27. Mai 1875. Zitiert nach Treaties & Agreements and the Proceedings of the Treaties and Agreements of the Tribes and Bands of the Sioux Nation, Washington D. C. 1974, S. 109.)

Nachdem Gold in den Black Hills gefunden wurde, verlangte 1876 eine Regierungskommission von den Lakota die Abtretung der Berge. Entgegen einer Klausel im Vertrag von 1868, nach der bei Landabtretungen drei Viertel der Männer zustimmen müssen, wurde 1877 das getroffene Abkommen vom Kongreß ohne die erforderliche Stimmenanzahl ratifiziert.
Zu Beginn der achtziger Jahre wurden Regierungskommissionen finanziert, die die Aufteilung des gemeinsamen Stammeslandes in Privatbesitz an einzelne Lakota anstrebten. Das verbleibende Land wurde an weiße Siedler übergeben. Die Regierung, humanitäre Reformer und Intellektuelle entschieden, daß Privateigentum für die Einbürgerung des Indianers in Amerika eine zwingende patriotische Maßnahme sei.

DIE SIOUX-KOMMISSION VON 1888
Das Gesetz „General Allotment Act" leitete die Auflösung der um die Black Hills verkleinerten, vertraglich festgelegten „Great Sioux Reservation" und den Verkauf von ca. 11 Millionen Acres Land ein. Das verbleibende Land sollte in Privatbesitz übergehen. Die Kommission v. l. n. r.: Agenturverwalter James McLaughlin, Reverend William Cleveland, Richter John V. Wright und Vorsitzender Captain R. H. Pratt.
Photographie von D. F. Barry, 1888, Standing Rock Agentur.

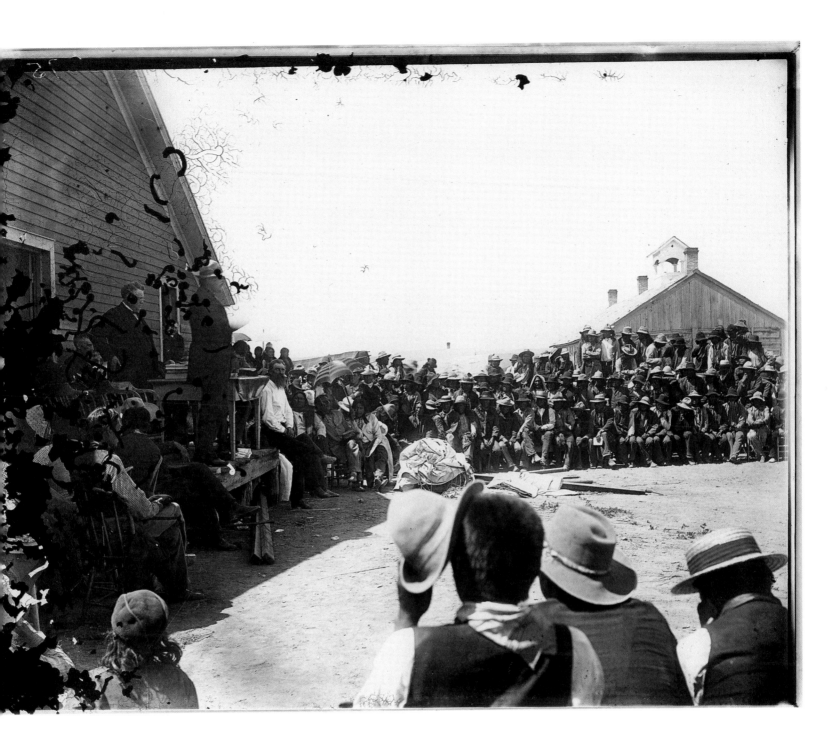

DIE SIOUX-KOMMISSION VON 1888
hielt ihre erste Besprechung auf der Standing Rock Agentur ab. Auf der Plattform (stehend mit Hut) der Übersetzer Joe Primeau, dahinter Richter J. V. Wright. John Grass (neben der Plattform sitzend, zweiter von links) brach nach zweiwöchigen Debatten, Einschüchterungen und der Drohung, die Bevölkerung vom Reservat zu entfernen, die Verhandlungen ab. Diese blieben zunächst auch auf anderen Agenturen erfolglos.
Photographie von D. F. Barry, 1888, Standing Rock Agentur.

JOHN GRASS
„Pezi" (1837–1918)
Der Sihasapa-Lakota repräsentierte während der Verhandlungen um Land die „progressiven" oder anpassungswilligen Reservationsbewohner und wurde vom Agenten zum Head Chief der Agentur ernannt.
Photographie von D. F. Barry, um 1889.

RATSVERSAMMLUNG MIT EINER LANDKOMMISSION
Es ist anzunehmen, daß es sich um Verhandlungen der Jahre 1888–89 auf Standing Rock handelt. Sitting Bull (im Kreis vorne mit Hut in der Hand) hatte gegen alle Landverkäufe opponiert und war als Verhandlungspartner oftmals ausgeschlossen. Photographie von D. F. Barry, um 1889, Standing Rock Agentur.

DIE SIOUX-KOMMISSION VON 1889
war mit 25.000 Dollar ausgestattet, um zögernde Stammespolitiker mit Festen, Nahrungsmitteln und Geschenken zum Landverkauf für 1,50 Dollar per Acre zu überzeugen. So gelang es schließlich ca. 44.000 km^2 Land günstig zu erobern. Links der Vorsitzende General George Crook, in der Mitte der ehemalige Gouverneur von Ohio, Charles Foster, und General William Warner.
Photographie von D. F. Barry, 1889, Standing Rock Agentur.

LONG SOLDIER
„Akicita Hanska"
Hunkpapa-Lakota
Er trägt den während des Bürgerkrieges sehr populären Beaver Top Hut. Long Soldier repräsentierte seine Gruppe 1868 im Friedensvertrag von Fort Laramie und wird später bei der Standing Rock Agentur angesiedelt.
Photographie O. S. Goff zugeschrieben, um 1870.

Paul Harbaugh

Die American Frontier

Ins Deutsche übertragen von Ulrike Catty

Im Jahre 1804 unternahmen Lewis und Clark und der „Corps of Discovery" im Auftrag von Präsident Thomas Jefferson eine Erkundungsreise nach dem amerikanischen Westen. Jefferson hatte den Plan zu dieser Expedition gefaßt, um Schicksal und Fahne seiner einundzwanzig Jahre alten Nation auf dem Kontinent auszubreiten. Das wachsende Nationalbewußtsein und der Bedarf an neuen Gebieten und Bodenschätzen gaben den Ausschlag für diese Entscheidung, nicht zuletzt auch deshalb, weil die Indianer im Osten nicht mehr gewillt waren, weitere Landstriche abzutreten. Die Möglichkeit einer Nord-West-Passage, einer transkontinentalen Handelsverbindung, würde den USA in ihrem imperialistischen Kampf um die Vorherrschaft in Nordamerika zudem den Rücken stärken. Die Menschen an der Ostküste waren daher begierig, das Gebiet westlich des Mississippi zu erforschen. Die Expedition verlief erfolgreich. Die Zurückgekehrten berichteten von der geographischen und ethnischen Vielfalt der neuen Gebiete und von der Fruchtbarkeit dieser noch auf keiner Landkarte verzeichneten Terra incognita, dem *Far West*.

Damit eröffneten sich neue Möglichkeiten, und es dauerte nicht lange, bis die ersten Fallensteller dem Beispiel der Expeditionsteilnehmer folgten und in das Gebiet der Uramerikaner vordrangen. Zwei gegensätzliche Weltanschauungen prallten jetzt aufeinander: Der eingeborene Amerikaner betrachtete Land, Himmel, Wasser und Leben als eine Einheit, an der alle Menschen teilhaben. Die Neuankömmlinge sahen dieselben Dinge als Hilfsmittel an, um Wohlstand, Macht und Erfolg zu erlangen. Bei dieser Unvereinbarkeit der Weltanschauungen war der Konflikt von Anfang an vorgezeichnet. Forschergeist und Unternehmungslust führten zunächst zur Ausbildung der „American Frontier" und kaum hundert Jahre später, mit der Gründung des amerikanischen Westens, wie wir ihn heute kennen, zu ihrer Schließung. Die natürlichen Reichtümer und die Möglichkeiten, die der Westen bot, brachten einen „neuen, einzigartigen und authentischen Menschenschlag" hervor – den Homo Americanus.[1]

Infolge der veränderten Gegebenheiten auf dem europäischen Markt starb der Pelzhandel, der um 1825 mit der Einführung des „rendezvous system"[2] seinen Höhepunkt erreicht hatte, bis 1840 praktisch aus. Biberfelle und Fallensteller wurden durch Bisonhäute und Scharen von Jägern ersetzt. Ein neuer und zerstörerischer Unternehmertyp begann die Prärien zu erobern. Missionare begleiteten die ersten Trapper, Händler und Jäger oder kamen ihnen sogar zuvor. Diese Männer Gottes, die heute als religiöse Forscher betrachtet werden, suchten nicht den materiellen Wohlstand, ihr Ziel war vielmehr die Christianisierung der amerikanischen Ureinwohner. Auf ihrem Weg nach Westen predigten sie das Evangelium, fertigten Skizzen und Landkarten an und hielten die geographischen Gegebenheiten der neuen Gebiete für ihre Nachfolger fest. Die Missionare und die Händler waren die ersten Exemplare jener sonderbaren Rasse der „Bleichgesichter", die die Indianer zu sehen bekamen. In hellen Scharen kamen sie aus der Richtung der aufgehenden Sonne, und ihre Ankunft veränderte das Leben der Indianer drastisch, vor allem als langsam bekannt wurde, wie reich und fruchtbar der amerikanische Westen war. Die Notiz- und Tagebücher von Abenteurern, Trappern und Missionaren wurden im Osten veröffentlicht, und bald schon wurden diese Schriften zum Evangelium, das die romantischen Wunder des Lebens im neu entdeckten Land verkündete. Leidenschaftliche Patrioten, die von der Begeisterung für Gott und ihr Land erfüllt waren, lasen diese Bücher, steckten andere mit ihrer Begeisterung an und trugen so zu der riesigen Einwanderungswelle bei, die die Indianer auf ihrem eigenen Boden überschwemmte und schließlich zum Konflikt führte.

Als im Jahre 1849 in Kalifornien Gold entdeckt wurde, verschärften sich die Probleme der Indianer: Ihr Lebensraum wurde eingeengt, die Bisonherden wurden vernichtet. Der Oregon und der Santa Fé Trail führten Tausende von „Forty Niners" durch die Jagdgründe der Indianer nach Westen. Um die Sicherheit dieser neuen Einwandererscharen zu gewährleisten, wurden Forts errichtet. Man kaufte den frühen Händlern bereits bestehende Bauten ab und errichtete an strategisch günstigen Punkten neue Forts. Diese Stützpunkte dienten einerseits als Schutz für die umliegenden Gebiete, andrerseits als Oasen der Zivilisation für die Pioniere auf dem Weg nach Westen. Theodore Roosevelts Worte „Bevor der Westen besiedelt werden konnte, mußte er gewonnen werden", drückten die Philosophie aus, die dazu diente, den Geist der amerikanischen Bewegung nach Westen als „eine Festigung der Demokratie, begründet in einer Doktrin des geographischen Determinismus" zu rechtfertigen.[3] Diese Doktrin wurde später unter der von einem New Yorker Journalisten geprägten Bezeichnung „manifest destiny" bekannt. Heute steht sie für die historische Politik der Expansion *(Continental Imperialism)*, die um jeden Preis und im Namen Gottes und der Menschheit durchgesetzt wurde, um den Kontinent mit dem merkantilen Geist *(Spirit of Enterprise)* Amerikas zu durchdringen. Menschen, die ihre Heimat hatten verlassen müssen, vertrieben nun ihrerseits die eingeborenen Amerikaner aus ihrer Heimat.

Für die „Sioux", die größte durch eine gemeinsame Sprache verbundene Nation, die in den Prärien und Plains des amerikanischen Westens lebte, hatte die Abtretung von Land bereits 1851 begonnen. Der erste Vertrag von Fort Laramie legte die Grenzen des Stammesterritoriums fest und gewährte den Vereinigten Staaten das Recht, im Gebiet der Indianer militärische Stützpunkte zu errichten und Straßen zu bauen.

Der im Vertrag von 1851 garantierte Frieden dauerte nur drei Jahre und endete ganz in der Nähe von Fort Laramie, wo er geschlossen worden war. Ein ungestümer und arroganter junger Armeeoffizier,[4] Leutnant John Grattan, wurde vom Fort aus losgeschickt, um Entschädigung und „Genugtuung" für eine getötete Kuh zu erwirken, die einem mormonischen Emigranten am Oregon Trail abhanden gekommen war. Das Ereignis ist als *Grattan fight* in die Geschichte eingegangen und war die erste in einer Serie von Schlachten, die heute unter dem Namen Siouxkriege bekannt sind und beinahe 25 Jahre dauerten: Es begann am 18. August 1854 am Shell River in der Nähe von Fort Laramie, wo die Brulé, die Minneconjou und die Oglala lagerten. Das friedliche Lager wurde ohne Vorwarnung von Leutnant Grattan aufgestört, der ohne Auftrag handelte. Er hatte eine Truppe von dreißig Freiwilligen sowie zwei Kanonen bei sich. Nach einer längeren Beratung wies der Offizier die für die Kuh gebotene großzügige Entschädigung zurück und beschloß, den „Sioux" eine harte Lehre zu erteilen: Zweimal provozierte er das friedliche Dorf durch Kanonenfeuer. Häuptling Whirling Bear[5] erlitt tödliche Verletzungen; die Häuptlinge Red Cloud, Crazy Horse und Big Partisan wurden mehrfach verwundet, als sie sich gegen Grattans Machtdemonstration zur Wehr setzten. Das „Kriegsspiel" war in wenigen Minuten vorüber und Grattan erlangte Unsterblichkeit – er wurde später mit zwanzig Pfeilen in seinem Körper aufgefunden...

Eine Untersuchung durch den *Commissioner of Indian Affairs* ergab, daß Grattan und seine Truppe ihre Machtbefugnisse überschritten hatten, da sie kein Recht hatten, Indianer wegen Diebstahls festzunehmen. Der Kriegsminister, Jefferson Davis, sah die Sache anders: Seiner Meinung nach war der *Grattan Fight* Teil eines von den „Sioux"-Indianern ausgeheckten Plans, der darauf abzielte, Waren- und Geldtransporte aus und in das Gebiet zu überfallen. Er forderte Vergeltung. Oberst William S. Harney, ein Veteran des Seminolenkrieges in Florida, wurde mit der Aufgabe betraut, die „Sioux" zu bestrafen. Die Strafexpedition startete von Fort Leavenworth, Kansas, aus und folgte dem Oregon Trail. Ziel war das Lager der „Sioux" in Ash Hollow. Am 3. September 1855 rächte Harney in der Schlacht bei Ash Creek Grattans Tod. Nach seinem Sieg zog Harney den Emigrant Trail entlang nach Fort Laramie und berief eine Versammlung mit den dortigen Indianervertretern ein. Bei der Versammlung verlangte Harney, daß sich die für die Ermordung von mehreren Weißen Verantwortlichen sowie diejenigen, die einer Postkutsche aufgelauert hatten, ergeben sollten. Spotted Tail[6] und zwei andere Krieger stellten sich als Geiseln zur Verfügung und retteten damit ihre Stammesbrüder vor Harneys Zorn. Sie wurden nach Fort Leavenworth transportiert und wanderten ins Gefängnis.

Die schwere Niederlage, die ihnen Harney zugefügt hatte, flößte den Indianern neuen Respekt vor der Macht des weißen Mannes ein, und so trat in den nördlichen Ebenen, im Gebiet der „Sioux-Nation", relative Ruhe ein, die fast ein Jahrzehnt dauerte. Dieser neue Friede war höchstwahrscheinlich weniger auf den guten Willen der Regierung in Washington zurückzuführen, als vielmehr auf die Tatsache, daß sie mit dem Sezessionskrieg alle Hände voll zu tun hatten. Aber die Sezession der Südstaaten und der darauffolgende Bürgerkrieg trugen wenig dazu bei, die Völkerwanderung in Richtung Westen zu stoppen.

Der Bozeman Trail, eine neue Einwanderungsroute, wurde errichtet, nachdem in den Jahren 1862/63 im Gebiet von Montana Gold entdeckt worden war. Später wurde auch in den Black Hills, den heiligen Jagdgründen der Lakota, Gold gefunden, und damit setzte der Ansturm auf das Indianergebiet ein. Das Goldfieber führte ganze Ströme von Glücksrittern aus den ausgeschöpften Feldern Kaliforniens hier zusammen. Das Flußbett Alder's Gulch war Schauplatz der größten Funde, Gold war hier reichlich vorhanden; allein im Jänner 1864 wurde in den legendären *Glory Holes*[7] Goldstaub im Wert von zehn

Millionen Dollar abgebaut. Der rasche Zustrom an Goldgräbern machte die Entwicklung der Region erforderlich. Der Bedarf an Vorräten, Expeditionsausrüstung und Lebensmitteln begann sich auf die Umwelt auszuwirken, was vor allem auf Kosten der eingeborenen Amerikaner ging. Das Zentrum des Gebietes, Virginia City, wurde praktisch über Nacht aus dem Boden gestampft, um die neue Welle von Abenteurern aufzunehmen. Im Jahre 1865 war der Bozeman Trail zur direktesten Verbindung zwischen den Goldfeldern und den Gebrauchsgütern des Ostens geworden.[8] Er teilte das Land, das einerseits den Indianer heilig war und andrerseits die unentbehrliche Grundlage für ihre nomadische Lebensweise bildete.

Als Ergebnis des neuen, stark frequentierten Verbindungsweges, der wirtschaftlichen Erfolge und der wachsenden Bevölkerung in Montana wurde schließlich die Forderung laut, die Straße und die auf ihr Reisenden von offizieller Seite schützen zu lassen. Am 3. März 1865 beschloß der Kongreß den Bau neuer Straßen in die Gebiete von Idaho, Montana und Dakota. Aufgrund dieses Kongreßbeschlusses wurde General Patrick Connor beauftragt, die sogenannte *Powder River Expedition* durchzuführen. Schlechtwetter, die sinkende Moral seiner Truppen und unzureichende Tagesrationen, unverhältnismäßig hohe Kosten (zwanzig Millionen Dollar) und schließlich ein zu weit gestecktes Angriffsziel forderten ihren Tribut. Im Spätseptember 1865 ging diese größte militärische Operation, die der Westen je gesehen hatte, zu Ende, ohne ihr Ziel, die Indianer zu unterwerfen, erreicht zu haben. Der Name Sitting Bull war der Armee nun ein Begriff,[9] und der Harney-Sanborne-Vertrag sowie die neun von der *Edmunds Commission* unterzeichneten Verträge von 1865 trugen auch nicht gerade dazu bei, den Frieden in den Prärien wiederherzustellen.[10] Die „Sioux"-Stämme und ihre Verbündeten hatten die Armee in die Nähe des Bankrotts gebracht, und so beschloß man in Washington, das Indianerproblem in Zukunft anders anzugehen: Statt die Eingeborenen mit Gewalt auszurotten, würde man sie menschlich behandeln und gut versorgen. Es war zwar keine Frage, daß die Indianer schließlich den weißen Einwanderern weichen würden, aber ihre Beseitigung würde von nun an in den Händen der Diplomaten und nicht mehr in denen der Armee liegen.

Als ersten Schritt zur Durchsetzung dieser neuen Taktik berief General William T. Sherman[11] eine neue Friedenskonferenz ein, die am 5. Juni 1866 in Fort Laramie beginnen sollte. Sherman hoffte (mit der Hilfe von E. B. Taylor vom Indian Bureau), die Verträge von 1865 in einen einzigen allgemein akzeptierten Vertrag umzuwandeln, indem er diejenigen, die 1865 ihre Unterschrift verweigert hatten („bad faces"), an den runden Tisch lud. Weiters hoffte er, für die Einwanderer, die das 1865 an die „Sioux" und Northern Cheyenne abgetretene Gebiet durchquerten, sichere Durchreise aushandeln zu können. Außerdem wollte er die Zustimmung der Indianer zum Bau drei neuer Forts, die dem Schutz des Bozeman Trail dienen sollten, gewinnen. Tebbel schreibt: „Sherman sah offenbar keinen Widerspruch darin, die Zustimmung zum Bau einer militärischen Verteidigungsanlage von denselben Menschen zu erbitten, gegen die diese Anlage gerichtet war."[12]

Die Verhandlungen begannen, und Häuptling Red Cloud bat sofort um Aufschub, weil er auf die Ankunft neuer Verbündeter hoffte. Die Beratung wurde auf den 13. Juni vertagt. Als besondere Ironie des Schicksals traf genau am Tag der Wiederaufnahme der Friedensverhandlungen Colonel Henry Carrington mit der 18. Infanterie im Fort ein. Seine Truppe setzte sich aus siebenhundert Offizieren und Soldaten sowie einem Versorgungszug zusammen, bestehend aus „226 Packtierkolonnen beladen mit Ausrüstungsgegenständen und Vorräten, wie zum Beispiel einer Sägemühle, Mähmaschinen, Ziegelpressen, Schmiede- und Zaumzeuggerätschaften, Äxten, Sägen und diversen anderen Werkzeugen. Weiters befanden sich in seinem Gepäck Schaukelstühle, Butterfässer, Tonnen von Konservenobst, Truthähne, Hühner, Schweine, Kühe und eine dreißigköpfige Blaskapelle."[13] Carrington, ein Bauingenieur, hatte den Befehl erhalten (wohl in der durch die Zusicherung des *Indian Bureau* noch gefestigten Annahme, der Vertrag von Fort Laramie werde wunschgemäß ausfallen), von Fort Laramie aus nach Norden zu marschieren, bereits bestehende Forts zu verstärken, am Bozeman Trail neue Forts zu errichten und die Scharen der Goldsucher, die nach Kriegsende erwartet wurden, auf dem Weg nach Westen zu unterstützen.

Am Ende der Versammlung akzeptierten 2000 „good faces" und in der Nähe des Forts wohnhafte Indianer die gebotenen Geschenke und den Vertrag und stimmten dem Frieden zu. Mehr als 4000 andere entschlossen sich jedoch zum Krieg.[14] Es wurde Carrington bald klar, daß die „bad faces", die sich weigerten, den Vertrag zu unterzeichnen, in der Mehrzahl waren und daß sie das Gebiet, das er schützen sollte, beherrschten. Nichtsdestotrotz marschierte Carrington mit dem erfahrenen Führer Jim Bridger zur Seite auf das Gebiet des Powder River zu. Er zog den Osthang der Bighorn Mountains entlang nach Norden und stoppte seine Kolonne am 13. Juli in der Nähe des Bozeman Trail, an einem strategisch günstigen Punkt, der heute als Big Piney Creek bekannt ist. Hier begann er mit dem Bau seines Hauptquartiers, Fort Phil Kearny. Doch bereits innerhalb von 96 Stunden nach ihrer Ankunft erfolgten die ersten Angriffe der „Sioux" auf Carringtons Truppe. Im August zog Carrington nach

Norden an die Stelle, wo der Bozeman Trail den Bighorn River kreuzte, und eröffnete dort den Bau eines zweiten kleineren Forts, das er C. F. Smith nannte.

Holzfällerlager wurden eingerichtet und eine Sägemühle in Betrieb genommen. Am 31. Oktober 1866 wurde Fort Kearny für einsatzfähig erklärt. Die Holzfäller mußten jedoch ständig beschützt werden. Zwar griffen die „Sioux" kein einziges Mal das Fort an, stattdessen führten sie aber einen Guerillakrieg, der erst mit der Auflassung des Forts endete. Sie behinderten den Weiterbau und versuchten so, die Weißen zur Aufgabe zu zwingen. Red Cloud selbst wurde von Gall, Rain-in-the-Face, Hump, Sitting Bull, dem Arapaho Black Bear[15] und seinen Verbündeten und den Northern Cheyenne unterstützt. Bis zu der als „Fetterman-Massaker" bekannten Schlacht im Dezember 1866 (dem „Moon of Popping Trees" nach indianischem Kalender) hatte Red Cloud schätzungsweise mindestens 2000 Krieger vereint.

Red Clouds Ansehen erreichte nach Carringtons Niederlage und dem „Fetterman-Massaker" seinen Höhepunkt, und die „Sioux" machten sich daran, das Schicksal des Trail durch fortgesetzte Feindseligkeiten zu besiegeln. Ihr Ziel war es, den gesamten Zivil- und Wagenverkehr auf der Straße zu unterbinden. Im April 1867 traf eine neue Friedenskommission in Fort Laramie ein. Wieder hoffte man, Red Cloud und die „Sioux" dazu überreden zu können, eine Indianerreservation zu akzeptieren und auf ihre Jagdgründe im Gebiet des Powder River zu verzichten. Man-Afraid-of-His-Horses, der die Oglala vertrat, teilte der Kommission mit, daß die „feindlichen" Lakota erst dann über einen Frieden verhandeln würden, wenn der letzte Soldat das Gebiet des Powder River verlassen habe.

Mit Ausnahme von gut geschützten Militärtransporten kam der Handelsverkehr über den Bozeman Trail zum Stillstand. Red Cloud und die mit ihm verbündeten Cheyenne kämpften unter hohen eigenen Verlusten und zwei Niederlagen den *Wagon Box Fight* und den *Hay Field Fight*. Die Feindseligkeiten der Indianer nahmen ständig zu, und bei allen folgenden Verhandlungen wiederholten Red Clouds Abgesandte die Forderung des Häuptlings, die Soldaten sollten sein Land verlassen. Im Frühling 1868 berief General Sherman wieder eine Friedenskommission in Fort Laramie ein. Washington stand vor der Entscheidung, entweder einen Frieden zu Red Clouds Bedingungen zu akzeptieren oder aber genug Truppen zu entsenden, um die Gegner im Gebiet des Powder River militärisch zu besiegen. Die Friedenskommission legte ihre Pläne zur Gründung einer „Great Sioux Reservation" vor. Sollten die Indianer auf diesen Vorschlag eingehen, würde Washington als Gegenleistung die 1866 erhobene Forderung Red Clouds erfüllen, die Forts Reno, Kearny und C. F. Smith aufzugeben. Das Land um den Powder River sollte als *Unceded Indian Territory* (Gebiet für ungestörte und ausschließliche Nutzung) betrachtet werden, und jene Indianer, die nicht in der neugegründeten Reservation leben wollten, sollten dort ihr Nomadenleben fortsetzen können.[16]

Red Cloud hatte den Krieg gewonnen. Des Kämpfens müde, unterzeichneten viele Häuptlinge der Cheyenne und „Sioux" den Vertrag noch im Mai. Red Cloud unterschrieb erst im November, nachdem die Forts aufgelassen und von seinen siegreichen Kriegern niedergebrannt worden waren. Niemand aber hatte sich die Mühe gemacht, den „Sioux" den Vertrag in seiner ganzen Komplexität zu erklären. Die Bürokratie der amerikanischen Verwaltung, der ständige politische Machtwechsel sowie die begrenzte Machtbefugnis jener Männer, die direkt mit ihnen verhandelten, trugen noch zu ihrer Verwirrung bei. Der redegewandte Chief Joseph vom Stamm der Nez Percé beschrieb dieses Problem der Indianer folgendermaßen: „Die Weißen haben zu viele Häuptlinge. Sie verstehen einander nicht. Sie sprechen nicht die gleiche Sprache ... Ich verstehe nicht, warum so viele Häuptlinge so viele verschiedene Dinge sagen dürfen."[17]

„Gott schuf mich als Indianer, aber nicht als Agenturindianer"
Sitting Bull zu General Nelson Miles, 1876

Gemäß den Bestimmungen des 1868 in Fort Laramie geschlossenen Vertrages zogen sich Red Cloud und viele Lakota, die sich nach einem dauernden Frieden mit dem „Großen Vater" in Washington sehnten, in ihre jeweiligen Territorien zurück, wo für ihre Bedürfnisse gesorgt werden sollte. Der Vertrag war von den nördlichen „Sioux"-Stämmen, vor allem von den Hunkpapa und den Sans Arc, nicht unterzeichnet worden. Allerdings erkannte der Vertrag diese Gruppen als Teil der Teton-Nation an, und die Bestimmungen galten daher auch für sie. Wie vertraglich festgelegt, konnten die Indianer, die ihre traditionelle nomadische Lebensweise vorzogen, weiterhin in jenen Gebieten leben, die als *Unceded Indian Territory* betrachtet wurden. Der Vertrag legte außerdem fest, daß „keine weiße Person das Recht hat, sich in diesen Gebieten niederzulassen oder irgendeinen Teil dieser Gebiete in Besitz zu nehmen; darüber hinaus darf keine weiße Person ohne die vorherige Zustimmung der Indianer durch diese Gebiete reisen."[18]) Sitting Bull, Gall, Crazy Horse, Rain-in-the-Face, Man-Afraid-of-His-Horses, American Horse, Crow King und Low Dog zogen es vor, ihre traditionelle Lebensweise fern der Reservationen beizubehalten.

Nach der Unterzeichnung des Vertrages von Fort Laramie im Jahre 1868 unternahm Washington ernsthafte Anstrengungen, sich an alle seine vertraglichen Verpflichtungen zu halten. Trotz dieser Bemühungen stellte sich bald heraus, daß die Regierung nicht in der Lage war, ihre Versprechungen einzuhalten. Korruption, Bestechung sowie mangelnde Kontrolle über die von der Regierung an die Indianer zu leistenden Jahreszahlungen weckten Mißtrauen gegenüber dem Reservationssystem, und bald schlossen sich viele unzufriedene, hungrige Indianer denjenigen an, die sich geweigert hatten, den Vertrag zu unterzeichnen.

Der vertraglich verbriefte Friede erwies sich als kurzes Zwischenspiel von nur vier Jahren. Im Jahre 1872 drangen Landvermesser in das *Unceded Territory* der Lakota ein. Die Indianer beschwerten sich bei ihren Agenten und wurden von diesen über den wahren Inhalt des Vertrages aufgeklärt, den sie 1868 unterschrieben hatten. Sie hätten dem Bau einer weiteren Eisenbahnlinie zugestimmt, die nördlich der eben erst fertiggestellten transkontinentalen Strecke der Union Pacific verlaufen sollte. Die Northern Pacific würde in der Nähe der Mandandörfer den Missouri überqueren, Dakota und Montana durchschneiden und dann dem Tal des Yellowstone nach Westen folgen. Die Lakota unternahmen ab August 1872 erfolglose Angriffe auf die Vermessungstrupps und ihre militärischen Eskorten. Da die Regierung mit dem Widerstand der Indianer gegen den Bau der Eisenbahnlinie gerechnet hatte, ließ sie Schutzforts bauen: Fort Abraham Lincoln am Missouri und Fort Ellis in Montana. Als zusätzliche Maßnahme wurde 1873 George Armstrong Custer mit der 7. Kavallerie in den Westen geschickt. Er sollte die nächste Truppe von vertragsbrüchigen Landvermessern, die ebenfalls in indianisches Gebiet vorstieß, eskortieren und schützen.[19]) Am 4. August 1873 traf Custer erstmals mit den „Sioux" zusammen. In der darauffolgenden Schlacht errangen die „Sioux" einen Sieg. Auch am 10. August fügten sie der Kavallerie eine Niederlage zu. Am 23. September erreichte die 7. Kavallerie ihr neues Hauptquartier, Fort Abraham Lincoln. (Custer verbrachte den größten Teil des Winters damit, seine Erlebnisse im Westen niederzuschreiben und zu veröffentlichen.)

Im Jahre 1874 hatte General Sheridan, Kommandant des Militärbezirkes Missouri, die Vollmacht erhalten, die Armee innerhalb der Reservationen operieren zu lassen. Mit der Einwilligung des Kriegsministeriums und unter dem Vorwand einer wissenschaftlichen Expedition mit dem Ziel, die geographischen und zoologischen Gegebenheiten zu erforschen und schriftlich festzuhalten, drangen Custer und die 7. Kavallerie wieder einmal ins Lakota-Territorium ein, auch diesmal unter Mißachtung des Vertrages von Fort Laramie. Es war dies das erste Mal, daß eine Militäreinheit in feindlicher Absicht in die heiligen Black Hills vorstieß. Sheridans Erkundungsexpedition unter dem Kommando von „Long Hair" begann am 2. Juli 1874 mit dem Ziel, das Gelände auszukundschaften und eine geeignete Stelle für den Bau eines Forts auszuwählen, falls die „Sioux" Widerstand leisten sollten.

Schon seit langem ging in dem Gebiet das Gerücht um, daß es in den Black Hills Gold zu finden gebe. Der Aufbruch von Custers Einheit verstärkte diesen Glauben noch. Tatsächlich wurde Waschgold entdeckt, und noch bevor die Expedition nach Fort Lincoln zurückkehrte, waren die ersten Glücksritter bereits in das Gebiet der Black Hills eingedrungen (Custer hatte den Chief Scout Charlie Reynolds nach Fort Laramie geschickt, um von der Entdeckung zu berichten). Nach den vertraglichen Bestimmungen war es nun Sache der Regierung, die Eindringlinge aufzuhalten. Im August 1874 – es bahnte sich bereits ein neuer Goldrausch an – erteilte General Sheridan General Alfred Terry, dem Kommandanten des Bereiches Dakota, folgenden Befehl: „... Sie erhalten hiermit den Auftrag, die Ihnen unterstehenden Streitkräfte einzusetzen, um die Wagen der Goldgräber zu verbrennen, ihre Ausrüstung zu zerstören und ihre Anführer festzunehmen und im nächstgelegenen Militärposten festzuhalten."[20]) Viele Goldgräber verbrachten den Winter bei der Goldsuche und trugen unwiderlegbare Beweise für den Reichtum der Black Hills zusammen. Als der Frühling kam, strömten Scharen von Goldsuchern in das Gebiet; Tausende zogen in die Black Hills, und die Städte dehnten sich rapide aus: So kamen allein in Custer City bald über elftausend Menschen zusammen.

Custers Erkundungsexpedition hatte dem fadenscheinigen Vertrag von 1868 endgültig den letzten Rest von Glaubwürdigkeit genommen. Die Armee war nicht in der Lage, Zivilisten von den Black Hills fernzuhalten. Gruppen von Indianern verließen nun ihre Reservation und schlossen sich in alarmierend hohen Zahlen den Lakota im Gebiet des Powder River an. Washington versuchte nun, das Gebiet der Black Hills, das die Weißen bereits vereinnahmt hatten, nachträglich zu kaufen. Im Spätfrühling des Jahres 1875 traf eine Indianerdelegation, an der auch Red Cloud teilnahm, in Washington ein. Im *Indian Bureau* hoffte man, die Delegationsteilnehmer dazu bewegen zu können, die Abbaurechte für die Black Hills zu verkaufen. Diese weigerten sich und wiesen darauf hin, daß laut Vertrag von 1868 drei Viertel aller erwachsenen männlichen „Sioux" einer solchen Entscheidung zustimmen müßten. Im September traf eine Sonderkommission im Westen ein, die auf Anweisung des Innenministers die „Sioux" dazu überreden sollte, die Gebiete am Powder River und am Bighorn abzutreten. Die Verhandlung sollte am Chadron Creek, in der Nähe von Camp Robinson, stattfinden. Die Kommission wurde von mehreren tausend aufgebrachten Kriegern empfangen. Ein Angebot von vierhunderttausend Dollar pro Jahr für die Abbaurechte oder sechs Millionen Dollar als Kaufpreis für das umstrittene Gebiet wurde abgelehnt. Die Übertragung von Land an Weiße hatte bereits begonnen. In den Lagern von Sitting Bull und Crazy Horse begann es zu gären.

Washington wurde der neuerlichen Unruhen unter den Stämmen der nördlichen Prärien bald überdrüssig. Der Indianerkrieg von 1876 kündigte sich an. Die versprochenen Jahreszahlungen und Vorräte waren nicht angekommen, und wieder einmal waren die Lakota in den Reservationen am Verhungern. Am 3. Dezember 1875 ließ der Innenminister eine Weisung an den Indianerbeauftragten ergehen, die dieser an sämtliche Verwalter von „Sioux"-Agenturen weitergab: Alle Indianer mußten unverzüglich davon verständigt werden, „... daß sie bis 31. Jänner 1876 ihre Reservationen aufzusuchen und dort zu verbleiben hätten. Andernfalls würde die amerikanische Armee sie als Feinde betrachten und dementsprechend behandeln."[21] Das Ultimatum traf drei Tage vor Weihnachten in der Standing-Rock-Agentur ein. Der Winter des Jahres 1875 war so streng, daß General Sheridan gezwungen war, seine Einsätze im Gebiet aufzuschieben.[22] Die Agenturverwalter sandten Boten in die oft über dreihundert Meilen entfernten Gebiete. Sie sollten dort die jeweiligen Jagdtrupps aufspüren und von der Weisung aus Washington verständigen. Viele Gruppen waren unauffindbar, andere wurden erst nach Ablauf der Frist verständigt. Aber auch diejenigen, die rechtzeitig verständigt wurden, waren angesichts der kurzen Frist, der Nahrungsmittelknappheit und der Wetterbedingungen meist nicht imstande, der Aufforderung Folge zu leisten. Den Indianern, die dem Befehl gehorchten, wurden sofort die Pferde und Waffen weggenommen. Sheridans Absicht war klar: „Ein Sioux zu Fuß ist ein Sioux-Krieger weniger."[23]

Während Custer in Washington weilte, um vor einem Untersuchungsausschuß zur Durchleuchtung von Amtsmißbrauch innerhalb der Indianerverwaltung auszusagen, plante Sheridan seine Strategie zur Vernichtung der Lakota. Der Feldzug würde im Winter stattfinden. Drei Marschkolonnen sollten sich von verschiedenen Punkten aus auf das gleiche Ziel zubewegen: General Crook würde von Fort Fetterman aus nach Norden marschieren, Colonel John Gibbon von Montana aus nach Osten, und General Alfred H. Terry von Fort Abraham Lincoln aus nach Westen und Süden. Sheridan war überzeugt, daß jede der fast tausend Mann starken Kolonnen stark genug sein werde, um dem ahnungslosen Gegner eine Niederlage zuzufügen.

Crooks Vorhut, die unter dem Kommando von Colonel Joseph J. Reynolds stand, verließ Fort Fetterman[24] am 1. März mit dem Ziel, kriegerische Indianertrupps aufzustöbern, die in den Tälern des Powder und des Bighorn River überwinterten. Die beiden anderen Kolonnen konnten wegen Schlechtwetters nicht ausrücken. Am 17. März startete Reynolds einen Überraschungsangriff auf die schlafenden Lager von Low Dog und Two Moon. Seine anfängliche Überlegenheit verwandelte sich jedoch bald in einen Verteidigungsrückzug, als sich die indianischen Krieger neu formierten und Reynolds aus ihrem brennenden Dorf vertrieben. Die Überlebenden wandten sich nach Norden, wo sie im Camp von Crazy Horse Aufnahme fanden. Crooks Kolonne hatte in der Schlacht am Powder River eine Niederlage erlitten und mußte nach Fort Fetterman zurückkehren. Sheridans Winteroffensive mußte auf den Sommer verschoben werden.

Die Schneeschmelze, die Aufregung um die Black Hills, die sich ständig verschlechternden Lebensbedingungen in den Agenturen, die Nachricht von Reynolds grundlosem Angriff auf Two Moons Lager und schließlich ein neuer Erlaß aus Washington, der nun allen „Sioux" verbot, im *Unceded Territory* zu jagen, lösten eine Massenflucht der Indianer aus ihren Agenturen aus. Mehr und mehr Familien strömten in die neuen Lakota-Auffanglager. Als der Sommer nahte, bewegte sich die mächtige Stammesgruppe langsam nach Westen und Norden, in Richtung ihrer traditionellen Jagdgründe.

Sheridan, der seinen Feldzug inzwischen neu organisiert hatte, begann seine Offensive im April. Custer traf am 10. Mai in Fort Lincoln wieder mit der 7. Kavallerie zusammen, fünf Tage bevor die Truppe den Marschbefehl erhielt.[25] Die zwölf Kompanien der 7. Kavallerie, die von Custer befehligt wurden, galten als die stärkste der drei Marschkolonnen. Terrys Expedition wurde von fünfundvierzig Arikara-Spähern unterstützt. Ziel war die kollektive Beseitigung der noch Widerstand leistenden „Sioux". Am neunten Juni trafen Terrys Kontingent aus Dakota und Gibbons Truppe aus Montana am Zusammenfluß des Rosebud und des Yellowstone zusammen. Keiner von beiden hatte etwas von Crook gehört, der den Auftrag erhalten hatte, zwar unabhängig, aber doch im Einvernehmen mit den beiden anderen Einheiten vorzugehen.

Crooks Kolonne hatte Fort Fetterman am 29. Mai verlassen und war den alten Bozeman Trail entlang nach Norden marschiert. Sie wurde mit 176 Crow-Scouts verstärkt und galt als die größte und schlagkräftigste Streitmacht, die bis dahin gegen die Indianer des Westens eingesetzt worden war. Die feindlichen Spähtrupps waren jedoch von Anfang an über Crooks Vormarsch informiert, und am 17. Juni kam es zur Schlacht am Rosebud. Wie drei Tage vorher von Sitting Bull prophezeit,[26] wurde Crook nach einer Schlacht, die einen ganzen Tag dauerte, zurückgeschlagen.

Weder Gibbon noch Terry wußten, daß Crook außer Gefecht gesetzt worden war. Am 19. Juni erfuhr Gibbon von einem Spähtrupp, daß am Oberlauf des Rosebud eine ziemlich verwischte Indianerfährte entdeckt worden war. Sie führte in die Wolf Mountains, die den Rosebud von den Tälern des Little Bighorn trennten. An diesem Abend traf sich Terry auf dem Heckraddampfer *Far West* mit seinen Offizieren. Der Standort des Feindes war nun eingegrenzt, Crook aber noch immer verschollen, und Sheridans Strategie des Anmarsches von drei Seiten damit nicht mehr durchführbar. Eine rasche Entscheidung mußte gefällt werden. Custer würde mit der gesamten 7. Kavallerie das Tal des Rosebud hinaufreiten, wenn nötig die Wolf Mountains überqueren, wobei er die am 17. Juni von Reno entdeckte Fährte benutzen würde, und sich schließlich zum Little Bighorn begeben. Gibbon und Terry würden mit der Infanterie den Bighorn hinaufmarschieren und am 26. Juni im Tal des Little Bighorn mit Custer zusammentreffen. In Terrys Schlachtplan spiegelte sich eine in früheren Begegnungen mit den „Sioux" gemachte Erfahrung wieder: Wenn man ihnen die Wahl ließ, zogen sie es vor, sich zu zerstreuen und davonzulaufen, statt sich einem offenen Kampf zu stellen. Es war daher das Hauptziel der beiden Einheiten, dem Gegner den Fluchtweg abzuschneiden, da man nur so den Vernichtungskrieg plangemäß weiterführen konnte. Am folgenden Morgen erhielt Custer Terrys schriftliche Order. Als die 7. Kavallerie, bestehend aus 31 Offizieren, 566 Soldaten und 35 indianischen Spähern,[27] abmarschbereit war, rief General Terry Custer zu: „Also, Custer! Seien Sie nicht übereifrig! Warten Sie auf uns!"[28]

Am Morgen des 24. Juni war Custers angriffslustige Truppe der von Reno erspähten Fährte bis zum Schauplatz von Sitting Bulls Sonnentanz gefolgt. Die Größe des feindlichen Dorfes war nun aus dem Fährtenabdruck ersichtlich, der frisch und beinahe eine Meile breit war. Spuren von kurz vorher abgehaltenen Feierlichkeiten wurden von den indianischen Spähern als böses Omen interpretiert. Gibbons Crow-Späher, die er Custer „geliehen" hatte, kehrten bei Einbruch der Dunkelheit zurück. Die Fährte bog nach rechts ab und führte den Hang hinauf, der das Tal des Rosebud von dem des Little Bighorn trennte. Der Feind konnte also nur im Tal des Little Bighorn lagern. Custer war sicher, daß er es nur mit den 400 Wigwams und 800 Kriegern zu tun hatte, die er gesehen hatte. Sein Kundschafter schätzte die Zahl der im nächsten Tal wartenden „Sioux" auf das Dreifache. Statt nun, wie von Terry angeordnet, dem Rosebud weiter zu folgen,[29] beschloß Custer um halb zwölf Uhr nachts, das Lager abzubrechen. In der Dunkelheit wollte er der Spur über die Wasserscheide hinweg folgen. Dort würden seine Kundschafter bei Tagesanbruch den Standort der Feinde bestimmen, und er würde seiner Truppe einen Tag Ruhe gönnen und auf Gibbons Truppe warten, bevor er zum Angriff überging.

Beim ersten Morgengrauen näherte sich Custer der Wasserscheide. Der Kundschafter Charles Varnum bestieg zusammen mit einigen Crow-Spähern einen Hügel, der ihnen freie Sicht auf das vor ihnen liegende Tal gewährte. Dieser Hügel ist heute unter dem Namen „Crow's Nest" bekannt. Etwa fünfzehn Meilen nördlich schien sich die Prärie zu bewegen, als würde es dort von Ameisen wimmeln. Zu Custers größter Überraschung hatte man die Mustangs von dreitausend Kriegern entdeckt. Der Rauch von zwölfhundert Wigwams hing über dem Tal wie der Nebel über einem See. Die Ruhepause für die Truppe endete schlagartig, da man auch einen Teil der Packtierkolonne entdeckt hatte. Es war keine Zeit zu verlieren. Die 7. Kavallerie mußte sofort angreifen, bevor sich das Dorf zerstreute. Allerdings kannte man zu diesem Zeitpunkt den genauen Standort und die Größe des Lakota-Lagers noch nicht.

Um die Mittagszeit des 25. Juni 1876 war die Truppe auf dem Weg in das Tal des Little Bighorn. Custer teilte das Regiment in drei Bataillone. Hauptmann Benteen brach mit drei Kompanien sofort auf. Er sollte die Hügel erkunden und „auf alles losgehen, was sich bewegte",[30] bevor er dem Haupttrupp folgte. Major Reno wurde das Kommando über die Kompanien M, A und G (140 Mann) übertragen, während Custer selbst die restlichen fünf Kompanien befehligte. Hauptmann Thomas McDougall wurde dazu eingeteilt, die Nachhut zu bilden und die Packtierkolonne zu decken.

Parallel zu Custer bewegten sich Reno und sein Bataillon das Westufer des heutigen Reno Creek hinunter. Um ungefähr 14.15 Uhr wurde der Gegner gesichtet. Reno erhielt von Custers Adjutant, Leutnant W. W. Cooke, folgende Nachricht: „General Custer will, daß Sie das schnellste Tempo anschlagen, das die Vorsicht zuläßt, und anschließend angreifen. Die gesamte Einheit wird Sie unterstützen."[31] Renos Truppe erreichte und überquerte den südlichen Arm des Little Bighorn und bildete eine Schlachtlinie. Als die Soldaten jedoch zum Angriff schritten, mußten sie entdecken, daß sie von den Gegnern, die von Gall und Crow King befehligt wurden und angeblich „wie die Teufel rannten", heftig attackiert wurden.[32]) Reno erkannte sofort, daß die von Custer versprochene Unterstützung nicht eintreffen würde. Sein Angriff verwandelte sich augenblicklich in einen verheerenden Rückzug. Die Überlebenden durchwateten den Fluß und erkletterten die zwei- bis dreihundert Fuß hohen Steilufer. Als Renos bedrängte Truppe, um vierzig Mann ärmer, den Gipfel erreichte, ließ das gegnerische Feuer nach.

Wir können nur Vermutungen darüber anstellen, warum Custers Unterstützung für Renos Truppe ausblieb. Custer folgte mit seinen fünf Kompanien Renos Einheit, die den Auftrag hatte, die fliehenden Indianer anzugreifen, und marschierte auf den Little Bighorn zu. Die Kundschafter meldeten seiner Truppe, daß die „fliehenden Indianer" in Wirklichkeit den Angriff auf Reno eröffnet hatten. Bevor Custer Zeit hatte, seine Truppe abzubremsen, geriet sie in eine heute unter dem Namen „Medicine Tail Coulee" bekannte Schlucht, die im Tal des Little Bighorn endet. Beim Versuch, den Fluß zu überqueren, stieß Custers Truppe sofort mit den Kriegern der „Sioux" und Cheyenne unter Gall und Low Dog zusammen. Angesichts der Übermacht der Gegner focht Captain Yates mit seinem aus zwei Kompanien bestehenden Bataillon ein Rückzugsgefecht, während sich Captain Keogh mit seinen drei Kompanien auf den Nordhang der Medicine Tail Coulee zurückzog. Durch den Druck von Galls Kriegern wurden beide Bataillons auf den Kamm von Battle Ridge zurückgedrängt. Die Eindringlinge befanden sich in der Defensive. Ein Großteil der Pferde und der so dringend benötigten Munition war schutzlos dem Feuer des Gegners preisgegeben, und der Kampf ging für Soldaten und Indianer zu Fuß weiter.

Alle fünf Kompanien trafen schließlich in der Nähe des „Calhoun Hill" zusammen. Keoghs Bataillon hielt auf dem Hügel die Stellung, während Custer zusammen mit Yates Kompanien im Norden am Battle Ridge kämpfte. Crazy Horse hatte den Fluß nördlich des Dorfes überquert und beim Besteigen des Battle Ridge seine Krieger im Halbkreis formiert. Damit hatte sich die Falle, in der Custers Truppe umkommen sollte, endgültig geschlossen. Man weiß heute, daß jede der am Battle Ridge verstreuten Kompanien ihren eigenen Todeskampf focht. Keogh und Calhoun kämpften mit ihren Truppen im Süden und fanden dort den Tod. In der Deep Ravine im Westen fand man die Überreste von Captain Thomas Custers und Leutnant Algernon Smiths Kompanien.[33]) Der berühmte „Custer's Last Stand" fand am westlichen Ende des Battle Ridge auf dem Custer Hill statt. Um diesen Punkt, der heute durch ein weißes Marmordenkmal gekennzeichnet ist, sammelten sich die verzweifelten Überlebenden der anderen Kompanien. Sie hatten die restlichen Pferde geopfert und suchten hinter den Leichen ihrer Kameraden Deckung.

Am späten Nachmittag traf Benteen, gefolgt von McDougall mit dem Packtierzug, auf die Reste von Renos demoralisierter Truppe. Inzwischen hörte man vom Fluß her den ständig anwachsenden Lärm von Karabinerfeuer. Vom Norden her kamen in schneller Folge zwei Gewehrsalven, und Reno verstand, daß das Custers Hilferuf war. Captain Weir bewegte sich ohne Renos Erlaubnis über den „Weir Trail" auf Custer zu, bis er zu einer Felsspitze kam („Weir Point"). Von dort aus erhaschten die Soldaten die ersten Blicke auf das von Wigwams, Staub und berittenen Kriegern erfüllte Tal und erlebten den letzten Akt von Custers Vernichtung mit.

Erst bei Einbruch der Dunkelheit ließen die Kampfhandlungen nach. Der Morgen des 26. Juni begann so, wie der Abend des Vortages aufgehört hatte: mit einem Angriff von allen Seiten. Erst am frühen Nachmittag ließen die Angriffe der Lakota abermals nach. Plötzlich ging die Prärie in Flammen auf, und Rauch verhüllte das Tal vor den Blicken der Soldaten. Als sich gegen Abend der Rauchvorhang hob, schien das Tal fast ausgestorben. Vom großen Siouxlager war nur mehr eine weit entfernte Prozession sichtbar, die sich langsam auf die südlich gelegenen Bighorn Mountains zubewegte.

Die „Sioux" hatten zwar die größte Schlacht gewonnen, aber, wie die Geschichte zeigen sollte, den Krieg verloren.

LITTLE JOHN
Ein von der Pockenepidemie gezeichneter Arikara.
Photographie O. S. Goff zugeschrieben, 1879.

ANMERKUNGEN

1 Kreyche, Gerald F., Visions of the American West. University Press of Kentucky 1989, S. 3.
2 Rendezvous system: Ein auf dem wechselseitigen Vorteil aufgebautes Vertriebs- und Gesellschaftssystem (Handelsmesse), das von dem Frontier-Unternehmer William Ashley 1825 entwickelt wurde, um Trapper, Händler, Indianer und Pelzfirmen im Westen zusammenzubringen. Dadurch wollte er vermeiden, daß die einzelnen Trapper ihren Jahresfang selbst in die großen Handelszentren wie etwa St. Louis schaffen mußten. Das rendezvous system erlaubte es den Pelztierjägern, in der Wildnis zu bleiben, solange sie wollten. Zugleich wurde durch das gesellschaftliche Ereignis ein „Wigwamkoller" vermieden.
3 Smith, Henry N., Virgin Land. Cambridge: Harvard University Press 1950, S. 25.
4 Dillon, Richard H., North American Indian Wars. Facts on File. Inc., N. Y. 1958, S. 110: Grattan war ein ruhmsüchtiger Absolvent der American Army Officer Academy in West Point, die er 1853 abschloß. Er war ein kampflustiger Aufschneider, der für seinen Wunsch, die Armee auf die Indianer loszulassen, und für seine Devise „erobern oder sterben" bekannt war.
5 Whirling Bear, Conquering Bear und Brave Bear sind ein- und dieselbe Person. Conquering Bear, ein Häuptling der Brulé, wurde 1851 bei der großen Beratung am Horse Creek in der Nähe von Fort Laramie zum Häuptling „aller Sioux" ernannt. Die US-Regierung hatte auf dieser Ernennung bestanden, obwohl sie der politischen Struktur der „Sieben Ratsfeuer" widersprach.
6 Spotted Tail, bekannt auch als Jumping Bull, war ein führender Häuptling der Brulé, der seine Würde nicht ererbt, sondern durch seine Integrität und seine Leistungen erworben hatte. Während seiner Gefangenschaft in Fort Leavenworth lernte er lesen und schreiben. Eine knappe, präzise Beschreibung seines Lebens findet sich in: Dockstader, Fredrick J., Great North American Indian Profiles in Life and Leadership. N. Y. 1977.
7 Kreyche, 1989, S. 219.
8 Appleman, Roy E., Great Western Indian Fights. Members of the Potomac Corral of Westerners. 1960, S. 109–110.
Der Bozeman Trail wurde nach dem Pionier, Goldsucher und Führer John M. Bozeman benannt, der 1862 auf seiner Suche nach den Goldfeldern in Montana als erster diese Route wählte.
9 Vestal, Stanley, Sitting Bull, Champion of the Sioux. Norman: University of Oklahoma. 1980, S. 72–75: Vestal berichtet von Sitting Bulls Aufstieg zur Macht als Hellseher und Feldherr.
Utley, Robert M., in: Handbook of North American Indians. Smithsonian Institution, Band 4, Washington 1988, S. 168, gibt den 28. Juli als Datum für Sitting Bulls offenen Angriff auf Fort Rice an.
Vestal, 1980, S. 74, führt General Sullys Bericht als die erste Gelegenheit an, bei der Sitting Bull in den Akten der Vereinigten Staaten offiziell erwähnt wird.
10 Die Verträge garantierten den Weißen sichere Durchreise durch die Gebiete der „Sioux". Die Indianer, die den Vertrag von 1865 unterschrieben (vor allem Spotted Tail und Man-Afraid-of-His-Horses) waren unter den Prärieindianern in der Minderzahl und wurden als „good faces" bezeichnet. (Viele andere waren als *Laramie Loafers* bekannt, da sie sich um das Fort drängten wie Tauben um die Hand, die sie füttert.) Diejenigen, die nicht unterschrieben – Red Cloud war der Anführer dieser Gruppe – nannte man „bad faces". Wellman, Paul, Death on Horseback, Philadelphia und New York 1934, S. 34, berichtet, daß Red Cloud an den Vertragsverhandlungen nicht teilnahm.
11 Die Vereinigten Staaten wurden am 27. Juni 1865 in fünf Militärbezirke unterteilt. Sherman erhielt das Kommando über den Zweiten Bezirk (District of the Missouri), dessen Hauptquartier in Missouri lag. Sherman erkannte die Wichtigkeit der transkontinentalen Eisenbahnverbindung und bat den Präsidenten, den Bau voranzutreiben. Um dieses Vorhaben zu erleichtern, wurde am 5. März 1866 das *Department of the Platte* gegründet und General Philip St. George Cooke als Kommandant eingesetzt. Das Department sollte das umliegende Gebiet bewachen und die Belegschaft der Union Pacific Railroad schützen. Sherman beaufsichtigte das Gebiet weiterhin, und seine Anwesenheit in Fort Laramie zeigt, welche Wichtigkeit er dem Erfolg der Verhandlungen beimaß.

12 Tebbel, John, The Compact History of the Indian Wars. N. Y., 1966, S. 223.
13 Hafen, Leroy R. and Francis Marion Young, Fort Laramie and the Pageant of the West. Lincoln, Univ. of Nebraska Press 1938, S. 36.
14 Monaghan, Jay. Book of the American West. N. Y., 1963, S. 225.
15 Black Bear war der Häuptling eines Arapaho-Dorfes, das 1865 im Zuge von General Connors Feldzug zerstört wurde.
16 Monaghan, The Book of the American West, 1963, S. 226.
17 Taylor, Colin, Warriors of the Plains. N. Y., 1975, S. 103.
18 Artikel XVI des 1868 in Fort Laramie geschlossenen Vertrags mit den „Sioux".
19 Die Eskorte für die Landmesser der Northern Pacific wurde von einem Colonel Stanley befehligt und bestand aus 1540 Soldaten, 275 Wagen, 353 Zivilisten und 27 Arikara-Kundschaftern. Sie brach am 20. Juni 1873 von Fort Rice auf; siehe dazu Frederic F. Van de Water, Glory Hunter. A Life of General Custer. N. Y., 1934, S. 241.
Kongreßprotokoll, Repräsentantenhaus. Debatte über Gesetzesvorlage Nr. 1335, 1876.
20 Hafen and Young, Lincoln 1938, S. 367.
21 Vestal, 1980, S. 139.
22 Lieutenant General Sheridans Report in Army Navy Journal, 23. Dezember 1876.
23 Die Regierungsbeamten hofften, daß die Verordnung die jagenden Indianergruppen in die Reservationen treiben, die gelegentlichen Überfälle auf Zivilisten in den Black Hills in Zukunft vermeiden, den Widerstand der Indianer gegen den Verkauf der Black Hills brechen und sie schließlich völlig von der US-Regierung abhängig machen würde. Man beschloß, alle Indianer in den Reservationen zu sammeln, und verbot ihnen den Aufenthalt im *Unceded Territory*, siehe Lieutenant General Sheridans Report, S. 447.
24 Fort Fetterman wurde am 19. Juli 1867 eröffnet. Es lag am Südufer des North Platte River, südlich der Mündung des La Prele Creek (U. S. Army War College, Historical Section, Post Camps, and Stations File. Washington).
25 Die Zeugenaussage von Custer wurde in einem Kongreßausschuß widerlegt. Er wurde daraufhin degradiert und unter Militärarrest in Washington gestellt. Präsident Grant forderte seinen Abschied. Sheridan und Sherman unterstützten Grant, Interpretationen und historische Daten in Van de Water, New York, 1934.
26 Die „Sioux" und ihre Verbündeten hatten gesiegt, aber Sitting Bull glaubte trotzdem nicht, daß sich seine Prophezeiung erfüllt hätte. Schon zum zweiten Mal hatte sich Crook geschlagen vom Schlachtfeld zurückziehen müssen. Inzwischen sah er ein, daß es sinnlos war, einen weiteren Schlag gegen ein vereintes Feindeslager zu führen. Er zog sich in sein Basislager am Goose Creek zurück. Die „Sioux" brachen das Lager ab und zogen nach Westen in Richtung *Greasy Grass* (das Tal des Little Bighorn). Drei Tage vor der Schlacht am Rosebud nahm Sitting Bull an einem Sonnentanz teil und hatte dabei eine Vision: Soldaten würden ohne Grund erscheinen und getötet werden. Siehe Vestal, 1980, S. 150–51.
27 Utley, Robert M., Custer Battlefield. A History and Guide to the battle of Litte Bighorn. U. S. Department of the Interior. Montana 1988, S. 42.
28 Van de Water, 1934, S. 324.
29 Nach Wellmans Auffassung stellte Custers Entscheidung eine Mißachtung von Terrys schriftlicher Order dar (S. 139). Hier beginnt der ein Jahrhundert alte Streit über Custers weitere Handlungen.
30 Utley, Great Western Indian Fights, S. 242.
31 Ebd., S. 243.
32 Zu seinem Pech hatte Reno versucht, die stärkste Gruppe des Gegners anzugreifen. Die Hunkpapa und Blackfeet lagerten am südlichen Ende des Dorfes. Obwohl die Krieger der „Sioux" wenig Zeit gehabt hatten, sich auf Renos Offensive vorzubereiten, gelang es ihnen unter der Führung von Gall und Crow King, seinen ersten Angriff zurückzuschlagen. Gleich darauf erhielten sie die Nachricht von Custers Anmarsch. Daraufhin zogen sie den Little Bighorn entlang nach Norden und unternahmen einen Frontalangriff auf Custer. Hätte Gall seinen Kampf gegen Reno fortgesetzt, wäre es vermutlich auch Renos letzte Schlacht gewesen.
33 Utley, Handbook of North American Indians 132, S. 68. Laut Red Horse, einem der Head Council Men des Lagers, „We finished up this party right here in the ravine".

RAIN-IN-THE-FACE
„Ita Omagaja"
Hunkpapa-Lakota (ca. 1835–1905)
nahm an den militärischen Auseinandersetzungen beim Fetterman-Massaker und am Little Bighorn teil und folgte Sitting Bull ins kanadische Exil. Er ergab sich im Fort Keogh, Montana im September 1880.
Photographie von D. F. Barry, um 1885, Fort Yates.

PORTRÄTGALERIE DER INDIANISCHEN STRATEGEN

SITTING BULL
„Tatanka Iyotanka"
Hunkpapa-Lakota (1834–1890)
40 Jahre lang widersetzte sich der Medizinmann und Politiker allen Landverkäufen. Er vereinte die verschiedenen Gruppen der Lakota 1876 gegen Custer in der Schlacht am Little Bighorn. Er entging den Rachefeldzügen der US-Armee durch Flucht und kehrte am 20. Juli 1881 mit 45 Kriegern, 67 Frauen und 73 Kindern aus dem kanadischen Exil zurück. Er kapitulierte im Fort Buford, nach zweijähriger Kriegsgefangenschaft wurde er auf der Standing Rock Agentur interniert.
Photographie von D. F. Barry, um 1883–85, Fort Yates.

GALL
„Pizi"
Hunkpapa-Lakota (ca. 1838–1894)
Die erste Photographie des Kriegshäuptlings der Schlacht am Little Bighorn, nach seiner Rückkehr aus Kanada und nach einem Kampf mit Major Guido Ilges, dem Kommandanten der 5. Infanterie an der Poplar Camp Post. Gall verlangte 21 Dollar für die Aufnahme und wurde von Capt. Clifford und dem Scout Flurey ins Studio begleitet. Nach der Aufnahme kam es zum Streit, Gall bedrohte den Photographen mit einem Messer, der seine Glasplatten mit dem Revolver verteidigte.
Photographie von D. F. Barry, 1881, Fort Buford.

LOW DOG
„Xunka Kuciyedan"
Oglala-Lakota (geboren 1846)
Er wurde im Alter von 14 Jahren Kriegshäuptling und führte seine Gruppe gegen die 7. Kavallerie von Major Reno und Oberstleutnant Custer.
Photographie von D. F. Barry, 1881, Fort Buford.

AMERICAN HORSE
„Wasechum Tashunka"
Oglala-Lakota (1840–1908)
Er machte sich als großer Erzähler einen Namen. Als Diplomat vertrat er die Oglala in Friedensverhandlungen und vor der Regierung in Washington. In späteren Jahren tourte er mit Buffalo Bill und der Wild West Show.
Photographie von D. F. Barry, 1897, New York City, N. Y.

RED CLOUD
„Mahpiya Luta"
Oglala-Lakota (ca. 1822–1909)
Während der kriegerischen Auseinandersetzungen 1866 wird er einer der erfolgreichsten Führungspersönlichkeiten der Oglala. Zwischen 1873 und 1877 wird ihm ein Platz am White River – die Red Cloud Agentur – zugewiesen. Danach lebt er auf Pine Ridge. Er repräsentiert die Lakota bei Gesprächen mit der amerikanischen Regierung und tritt mit der Buffalo Bill Wild West Show im Madison Square Garden auf.
Photographie von D. F. Barry, 1897, New York City, N. Y.

CROW KING
„Kangi Yatapi"
Hunkpapa-Lakota (gestorben 1884)
Der Kriegsgefangene posiert im Mantel von Major Brotherton während des Winters von 1881. Crow King und seine Gruppe von 80 Kriegern hatten Custer in der Schlacht am Little Bighorn vom Süden angegriffen und ermöglichten Crazy Horse und Gall die 7. Kavallerie einzukreisen.
Photographie von D. F. Barry, 1881, Fort Buford.

WILD HORSE
„Xunktanka Wohitika" oder „Sunk Wàtogla"
Oglala-Lakota
Es wird angenommen, daß Wild Horse ein Cousin oder Bruder von Crazy Horse war.
Photographie von D. F. Barry, undatiert.

YOUNG-MAN-AFRAID-OF-HIS-HORSES
„Tashunka Kokipapi"
Oglala-Lakota (ca. 1830–1900)
Zeit seines Lebens verbündete sich der Politiker mit Red Cloud und nahm an den militärischen sowie politischen Aktivitäten teil. Auf Pine Ridge wurde er um 1884 der erste gewählte Ratsvorsitzende der vorübergehend offiziell zugelassenen Ratsversammlung.
Photographie O. S. Goff zugeschrieben, 1878.

CHIEF JOSEPH
„Hanmaton Yalatkit"
Nez Percé (ca. 1832–1904)
Photographiert in Bismarck kurz nach der Kapitulation nach einer fünftägigen Schlacht gegen Gen. Nelson A. Miles. Die Nez Percé wurden aus dem Wallowatal in Oregon vertrieben und flüchteten 1500 Meilen in Richtung Kanada. 1868 unterzeichneten sie den 370. Vertrag zwischen den USA und indianischen Nationen, konnten jedoch nie wieder in ihr Land zurückkehren. Photographie O. S. Goff zugeschrieben, Bismarck, 1877.

CUSTER UND DER GROSSHERZOG ALEXIS ROMANOV
„Yellow Hair" gemeinsam mit dem dritten Sohn Zar Alexanders II. vor einer Bisonjagd im südlichen Nebraska.
Photographie von Scholter, St. Louis, 1872.

DER OBERSTLEUTNANT & SEIN CLAN

DER OBERSTLEUTNANT & SEIN CLAN
Auch weitab des gesellschaftlichen und kulturellen Lebens muß Custer (stehend mit weißem Hut) beim privaten Picknick den Komfort von Familie und Freunden nicht missen.
Photographie von O. S. Goff, 1875.

No 1 Lt. Col. George A. Custer, 2 Mrs. G. A. Custer, 3 Lt. Nelson Bronson 6th Inf., 4 Lt. George D. Wallace, 5 Lt. Benjamin Hodgson, 6 Mrs. T. McDougall, 7 Capt. Thomas McDougall, 8 Lt. William Badger, 6th Inf., 9 Mrs. G. Yates, 10 Capt. George Yates, 11 Charles W. Thompson, 12 Maggie Custer Calhoun, 13 Agnes Bates, 14 Col. J. S. Poland, 6th Inf., 15 Lt. Charles Varnum, 16 Lt. Col. William Carlin, 17th Inf., 17 Mrs. M. Moylan, 18 Lt. Thomas W. Custer, 19 Capt. William Thompson, 20 Lt. James C. Calhoun, 21 Mrs. D. McIntosh, 22 Capt. Myles Moylan, 23 Lt. Donald McIntosh.

GEORGE ARMSTRONG CUSTER, SEINE OFFIZIERE UND IHRE FRAUEN SOWIE FREUNDE
Nach der erfolgreichen Yellowstone-Expedition wird ihm das Kommando vom Fort Abraham Lincoln übertragen. Die 7. Kavallerie übernimmt das expandierende Fort am 23. September 1873 gemeinsam mit Abteilungen des 6. und 7. Infanterieregiments. Die Photographie wird nach Ankunft der Kavallerie auf den Stufen des neuen Heimes aufgenommen.
Photographie O. S. Goff zugeschrieben, Fort A. Lincoln, 1873.

CAPTAIN THOMAS W. CUSTER (1845–1876)
Der Bruder des Major Generals, der für seine Tapferkeit im amerikanischen Bürgerkrieg vom Kongreß mit Ehrenmedaillen ausgezeichnet wurde, kommandierte in der Schlacht am Little Bighorn die Kompanien C und E.
Photographie O. S. Goff zugeschrieben, um 1871–76.

FIRST LT. JAMES CALHOUN (1845–1876)
Der Schwager des Major Generals befehligte in der Schlacht am Little Bighorn die Kompagnie L.
Photographie O. S. Goff zugeschrieben, um 1874–76.

CAPTAIN THOMAS McDOUGALL (1845–1909)
Er führte die Kompanie B und den Versorgungstrupp in der Schlacht am Little Bighorn.
Photographie von D. F. Barry, um 1880.

FIRST LT. EDWARD S. GODFREY (1843–1932)
Seine militärische Karriere beginnt mit Custer und Benteen beim Washitamassaker von 1868. Er nimmt an der Yellowstone- und Black Hills-Expedition von 1873–1874 und an der Schlacht am Little Bighorn 1876 teil. Er wird vom Kongreß für seine Tapferkeit im Kampf gegen Chief Joseph 1877 und dem Massaker von Wounded Knee 1890 ausgezeichnet.
Photographie von D. F. Barry, um 1880.

CHARLEY REYNOLDS (ca. 1842–1876)
Der Abenteurer, Grenzgänger und Übersetzer war First Scout bei der Yellowstone-Expedition in den Black Hills und überbrachte die Nachricht von den Goldfunden. Er nahm an der Schlacht am Little Bighorn teil und wurde mit den Truppen von Major M. Reno getötet.
Photographie O. S. Goff zugeschrieben, um 1875–76.

CURLEY
„Ashishishe"
Crow (ca. 1859–1923)
Gemeinsam mit sechs weiteren Crows beauftragte ihn Colonel Gibbon, Custer auf seinem Bestrafungsfeldzug gegen die „feindlichen" Lakota in das Rosebud-Tal zu begleiten. Nach der Niederlage der 7. Kavallerie bei Little Bighorn überbrachte er die Nachricht vom Tode Custers.
Photographie von D. F. Barry, um 1878.

UNBEKANNTER ARIKARA
47 Scouts hatten sich zur Armee verpflichtet. Sie erhielten wie die Soldaten 13 Dollar Sold im Monat. Die Arikara-Scouts konnten mit Hilfe der Photographien nur teilweise identifiziert werden.
Photographie O. S. Goff zugeschrieben, um 1870.

FORT ASSINIBOINE
war der größte Militärposten in Montana, 38 Meilen von der kanadischen Grenze entfernt und diente der Verteidigung gegen die Angriffe der exilierten Lakota unter Sitting Bull, Gall und Crow King.
Photographie von D. F. Barry, um 1881.

FORT YATES
bis 1878 als Standing Rock Agentur bezeichnet, war das Zentrum der militärischen Aktivitäten vor der Schlacht am Little Bighorn. Hier traf der Photograph auf Sitting Bull.
Photographie von D. F. Barry, um 1880.

CUSTERS HÜGEL
Captain F. D. Baldwins Kompanie K der 5. Infanterie zelebriert den 10. Jahrestag der Niederlage. Eine halbe Meile vom Little Bighornfluß entfernt wird die erste Verteidigungslinie der 7. Kavallerie für den Photographen demonstriert.
Photographie von D. F. Barry, 25. Juni 1886.

DIE ÜBERLEBENDEN VON RENO HILL AM 10. JAHRESTAG
Kurz vor Sonntagmittag, am 25. Juni 1876, teilte Custer seine Truppen. Major Reno bekam die Order mit drei Kompanien den südlichen Teil des indianischen Lagers im Tal des Little Bighorn anzugreifen.
Photographie von D. F. Barry, 25. Juni 1886.

BEGRÄBNISSTÄTTE
Photographie von D. F. Barry, um 1880.

EINE RATSVERSAMMLUNG
Fort Yates war einer der militärischen Stützpunkte, die Agenturen repräsentierten die zivile Verwaltung auf der Reservation.
Die Aufnahme zeigt eine Ratsversammlung und Gäste der Regierung im weißen Zelt.
Photographie von D. F. Barry, um 1883.

Christian F. Feest

Die unfreiwilligen Amerikaner

Zu Beginn der siebziger Jahre des 19. Jahrhunderts schien für die Lakota die Welt noch weitgehend in Ordnung. Durch den Vertrag von Fort Laramie im Jahr 1868 waren ihnen zwar vorher unbekannte Grenzen auferlegt worden, und nach amerikanischer Sicht waren sie in die große Schar der „roten Kinder" eingetreten, für die der „Große Weiße Vater" in Washington Sorgerechte und Erziehungspflichten auf sich zu nehmen bereit war. Aber noch gab es genug Bisons und anderes Wild, das es den Lakota erlaubte, ein freies und nach ihren Maßstäben wohlhabendes Leben zu führen. Wenn sie bei einem Besuch der für sie errichteten Agenturen die ihnen vertraglich gebührenden Rationen ausfaßten, konnte niemand sie hindern, anschließend das für sie unbrauchbare Mehl aus den Säcken zu leeren, um sich aus dem Stoff des weißen Manns Kleider zu machen.[1] Nicht zu Unrecht betrachteten sie sich immer noch als die Herren des Landes.

Der Sieg über General Custer am Little Bighorn, der diese ungebrochene Vormachtstellung zu bestätigen schien, war freilich nur der Auftakt für das Ende aller Träume von einem unbegrenzten Fortdauern der guten alten Zeit. Die gedemütigte amerikanische Armee fand zwar keine Gelegenheit, die Scharte durch einen medienwirksamen militärischen Triumph auszuwetzen, weil sich die eingeborene Streitmacht wie jeden Herbst in kleineren Gruppen zerstreute, und weil die Mehrzahl der militanten Lakota unter Sitting Bull und Gall im Februar 1877 die Grenze ins kanadische Exil überschritt. Die anderen Familien kehrten im Winter in der Hoffnung auf Verpflegung zu den Agenturen zurück, von denen sie in Wahrheit bereits abhängig geworden waren.[2]

Die verbleibenden kriegerischen Lakota-Gruppen stöberte die Armee im Verlauf der nächsten 18 Monate unter beträchtlichen Kosten und in mühevoller Kleinarbeit auf und brachte sie unter die Kontrolle der Regierung. Über Vermittlung von Spotted Tail, der dafür von der Armee taxfrei zum Ehrenoberhaupt der „Sioux" gemacht wurde, ergab sich im Mai 1877 auch dessen Neffe Crazy Horse mit seinen Anhängern den Amerikanern und schlug sein Lager etwas abseits der Red Cloud Agentur bei Fort Robinson in Nebraska auf. Doch schon im Herbst ließ er Anzeichen der Unruhe erkennen, und ein neuerlicher Ausbruch aus der Agentur schien bevorzustehen. General Crook fiel es nicht schwer, Red Cloud und die anderen Oglala-Häuptlinge dazu zu bringen, gemeinsam mit ihm den wenig beliebten Kollegen dingfest zu machen und zu internieren. Bei einem Handgemenge im Fort, bei dem sein ehemaliger Mitstreiter Little Big Man seine Flucht zu vereiteln trachtete, wurde Crazy Horse durch Stichwunden verletzt, denen er in der folgenden Nacht vom 5. auf den 6. September 1877 erlag. Manches spricht dafür, daß er sich die Verletzungen unabsichtlich mit seinen eigenen Waffen beibrachte. Die Oglala, denen er heute als Symbol ungebrochenen Freiheitswillens dient (der Jahrestag der Custer-Schlacht wird auf Pine Ridge alljährlich als „Crazy Horse Day" gefeiert), neigen zur Meinung, ein weißer Soldat hätte ihn rücklings erstochen.[3]

Anfang 1881 kehrte Gall mit den meisten Emigranten aus Kanada zurück, im Juli ergab sich auch Sitting Bull, und wurde vorerst in Fort Randall interniert. Vom Standpunkt des Militärs aus konnten die Lakota-Kriege als abgeschlossen betrachtet werden. Nicht ganz freiwillig zog sich die Armee wieder aus der Verwaltung der Agenturen zurück, die sie nach der Custer-Schlacht übernommen hatte. Für die Lakota, die lange Zeit im Erwerb von Kriegsehren einen hohen Wert gesehen hatten, und deren gesellschaftliches Gefüge nicht unwesentlich durch die Aktivitäten von Kriegerbünden geprägt war, mußte der erzwungene Frieden zu einschneidenden Veränderungen führen. (Späteren Generationen bot der Kriegsdienst in der amerikanischen Armee Gelegenheit, dem alten Ideal unter veränderten Vorzeichen nachzustreben.) Das langsame Absinken der Kriegstänze in den Bereich der Folklore war allerdings nicht die einzige – und nicht die einschneidendste – Veränderung im Leben der Lakota.

Die Bisons waren nun weitgehend verschwunden. Kleine Restbestände kamen nur selten in die Reichweite der Agenturen. Als im Sommer 1882 eine Herde im Westteil der Standing Rock Reservation auftauchte, zweifelten die Lakota nicht daran, daß *Pte*, der Bison, gekommen sei, um bei ihnen zu sterben. Noch einmal gab es eine große Jagd, noch einmal sorgten die Kriegerbünde für Disziplin unter den Jägern, ein letztes Mal ließ der Geschmack des Fleischs von 5000 Bisons die Erinnerung an die Tage der Freiheit wach werden.[4] Immerhin wurden die Rindfleischrationen den Lakota noch lebendig geliefert, und es war üblich, die Tiere unter dem Jubel der Jäger aus den Gehegen zu treiben und sie wie Wild zu erlegen. Das blutige Schauspiel erregte den Abscheu der Weißen, die im Glauben an die eigene missionarische Pflicht, die „Indianer" zu „zivilisieren", jede Erinnerung an die barbarische Vergangenheit der „roten Kinder" tilgen wollten. Am 21. Juli 1890 erging aus Washington eine detaillierte Anweisung an alle Agenten, die Schlachtung auf „zivilisierte" Weise und unter Ausschluß der Öffentlichkeit, besonders der Frauen und Kinder, durchzuführen.[5])

Durch das Ende der Bisonjagden und der Kriege wurde eine Änderung der bisherigen Lebensweise unabdingbar. Die Regierung in Washington und ihre Beamten hatten recht klare Vorstellungen davon, in welche Richtung diese Änderungen gehen sollten (auch wenn es geteilte Meinungen über die anzuwendenden Methoden gab). Das Ziel hieß „Zivilisation" und bedeutete die Angleichung der eingeborenen Völker an die Werte, Rechte und Pflichten der weißen Amerikaner – notfalls auch gegen ihren Willen.

Die alte Theorie von der stadialen Entwicklung der menschlichen Kultur hatte im Evolutionismus eine neue und, wie es schien, wissenschaftlich-objektive Ausprägung gefunden. Aus den Tiefen der fast animalischen Wildheit, so der auch von Marx und Engels gern gelesene Ahnherr der amerikanischen Völkerkunde Lewis Henry Morgan, führte der Weg der Menschheit über das Stadium der Barbarei zur Vollendung der Zivilisation. Hand in Hand damit gingen die Entwicklung von der Promiskuität zur Einehe, vom Gemeineigentum zum Privateigentum, und von Gemeinwesen, die auf der Grundlage der Verwandtschaft organisiert waren, zum territorialen Prinzip des Staats. Den roten Barbaren den Weg zu den lichten Höhen der Zivilisation zu ebnen, indem man sie zu viktorianischer Gesittung führte, ihre Stammesverbände auflöste, und sie durch die Verlockung des Eigennutzes dem Gemeinnutz der größeren Gemeinschaft förderlich werden ließ, erschien den Weißen eine noble Verpflichtung.[6])

Im Hinblick auf die Lakota formulierte der 1876 zum Superintendenten für indianische Angelegenheiten im Territorium von Dakota ernannte[7]) J. H. Hammond die nächstliegenden Schritte auf dem Weg zur Zivilisation in einem 7-Punkte-Programm:[8])

1. Konfiskation der Waffen und Pferde, um Jagd und Nomadismus zu unterbinden; Entschädigung durch Hühner und Rinder zur Förderung einer auf Tierhaltung beruhenden Wirtschaft.
2. Aufteilung des Lands in Privateigentum mit Schutzbestimmungen gegen Veräußerung der Grundstücke.
3. Errichtung von Häusern anstelle der immer noch üblichen Zelte.
4. Vollstreckung einer bestehenden Anweisung, die Indianer zur Arbeit (im Sinne des protestantischen Arbeitsethos) anzuhalten.
5. Verbot der Verteilung von Decken, Farben zur Gesichts- und Körperbemalung, und von Glasperlen. Verteilung von Kleidung aus widerstandsfähigem Material in einfachen, ruhigen Farben.
6. Förderung, ja Forcierung, des Englischunterrichts.
7. Verminderung der Zahl der Agenturen und Konsolidierung der eingeborenen Bevölkerung.[9])

Auch bei den Lakota selbst wuchs die Zahl derer, die bereit waren, vom weißen Mann zu lernen, und sich den geänderten Bedingungen anzupassen. Lernen und Anpassung bedeuteten aber nicht, daß die Lakota Weiße werden wollten. Nicht alle sahen ein, warum es nötig sein sollte, die gut gelüfteten Zelte gegen muffige, mit Soden gedeckte Blockhäuser einzutauschen. Frauen und Kinder weinten, wenn den widerstrebenden Männern die langen Haare geschoren wurden, die nicht nur einem Schönheitsideal entsprachen, sondern auch Symbol für Kraft und Männlichkeit waren, und die die Lakota nur beim Ableben von Verwandten als Zeichen der Trauer kurz schnitten.[10]) Hier ging es um den Tod der alten Lebensweise. (Das Bekenntnis zum wiedererwachten Traditionsbewußtsein der Lakota späterer Generationen äußerte sich oft zu allererst in der Abkehr vom Kurzhaarschnitt.)

Natürlich schien es erfolgversprechender, den Kulturwandel über die Erziehung der Kinder in die Wege zu leiten, als indem man erwachsenen Männern die Farbe aus dem Gesicht wischte. Auf den Reservationen waren es zuerst die christlichen Konfessionen, die Schulen errichteten, die teils als Internate angelegt waren. Wenig später beteiligte sich auch die Regierung am Erziehungswerk. Da die Lehrer oft kein Lakota sprachen, hielt sich der Lernerfolg in Grenzen. Wesentlich effektiver funktionierte das Internat im fernen Carlisle (Pennsylvania), das der Reformer Captain Richard Henry Pratt in einer alten Armeekaserne errichtet hatte. Hier blieben die Schüler oft Jahre von ihrer traditionellen Umgebung isoliert und wurden von Grund auf umerzogen. Wer dabei nicht an Heimweh zugrunde ging, hatte gute Chancen auf eine spätere Karriere im Indianerdienst. 1880 schickten die Lakota ihr erstes Kontingent nach Carlisle, darunter viele Kinder von Häuptlingen, die mit gutem Beispiel vorangehen mußten.[11])

Zur Durchsetzung wenigstens der kleineren Schritte des Zivilisationsprogramms bedienten sich die Agenten der 1878 eingerichteten Institution der Indianerpolizei. Ihre Aufgabe bestand in weit mehr als der Aufrechterhaltung der Rechtsordnung, der Verhaftung von Pferdedieben und dem Aufspüren schulschwänzender Kinder. Mit kurz geschnittenem Haar, gewaschenem Gesicht und in der Kleidung der Weißen sollten sie Vorbild für die noch unreformierten Stammesmitglieder sein, wenn es der Agent befahl, mußten sie auch anderen die Haare schneiden oder das Gesicht waschen. Bewaffnet, beritten und bezahlt, nahmen sie eine privilegierte Stellung im Indianerland ein. Zugleich förderten sie die Machtfülle der Agenten, denen Kritiker nicht selten Tyrannei vorwarfen.[12])

Aus den Reihen der Indianerpolizei rekrutierten sich auch die Richter, die ab 1883 den Kampf gegen Alkohol, Vielweiberei, „heidnische Tänze" und die alte Kultur schlechthin auf eine Grundlage der Rechtsstaatlichkeit stellen sollten. Tatsächlich kaschierten aber derartige Verwaltungsmaßnahmen lediglich, wie dünn die Rechtsgrundlage war, auf der die Regierung abendländische Lebensformen unter den eingeborenen Völkern durchzusetzen bemüht war.

Am 5. August 1881 erschoß der Sicangu Lakota Crow Dog den von einer Ratsversammlung heimkehrenden Häuptling Spotted Tail; ob aus Eifersucht oder politischen Motiven ist nicht gänzlich geklärt.[13]) Crow Dog wurde verhaftet und vom Gericht in Deadwood zum Tod durch den Strang verurteilt. Der Oberste Gerichtshof hob das Urteil jedoch 1883 auf und stellte fest, daß den Gerichten der Vereinigten Staaten keine Rechtssprechung über zwischen Indianern verübte Verbrechen auf Indianerland zustand.

Bei den Lakota wurde ein Mord zwischen den betroffenen Verwandtschaftsgruppen oft durch Wergeld gesühnt – eine „Bestrafung" nach einem abstrakten Recht erfolgte nicht. Man kann sich das Entsetzen der Amerikaner darüber vorstellen, daß Crow Dog straffrei blieb, zumal Spotted Tail bei seinen Besuchen in den Städten der Weißen als „edler Wilder" großen Eindruck gemacht hatte, und die Zeitungen den Fall ausführlich behandelten. Schlimmer noch war die Einsicht, daß die eingeborenen Völker weitgehend außerhalb der amerikanischen Rechtsordnung standen. Dieser im Hinblick auf die Zivilisierungsabsichten unhaltbare Zustand wurde 1885 durch ein Gesetz geändert, welches den amerikanischen Bundesgerichten die Rechtssprechung über sieben Kapitalverbrechen auf Indianerland übertrug.[14])

Die Auflösung der traditionellen Ordnung machte auch vor den Häuptlingen nicht Halt. Sie waren der Regierung und ihren Agenten solange von Nutzen gewesen, als sie unabhängige Völker vertraten, und durch Geschenke oder Versprechungen zu Zugeständnissen an die Weißen bewegt werden konnten. Unter den neuen Bedingungen der Reservate konkurrierten sie mit den Agenten, denen gegenüber sie auch die Wünsche der Bevölkerung vertraten, um die Autorität. Zudem hatte die zwangsweise Konzentration der Lakota um die Agenturen die Macht der Häuptlinge gestärkt. Ihr verständliches Beharren auf verbrieften Rechten ließ sie als notwendige Gegner jeder Reform erscheinen.

„Die Erfahrung hat mich gelehrt", schrieb 1881 J. A. Stephan, der Agent auf Standing Rock, „daß die sogenannten Indianerhäuptlinge ein großes Hindernis für die Zivilisierung der Indianer darstellen ... Das Hauptziel dieser Häuptlinge scheint es zu sein, die Indianer glauben zu machen, sie seien Indianer im vollsten Sinne, ... und hätten ein Recht auf ihre eigene Regierungsform. ... Je eher die Häuptlinge abgesetzt werden und der indianische Farmer als sein eigener Häuptling behandelt wird, desto schneller wird das Ende aller Schwierigkeiten erreicht werden." Indianer müßten als souveräne Individuen – nicht Angehörige von Klans – behandelt werden, deren einzige Treuepflicht den Vereinigten Staaten gelte.[15]) Der als besonders konsequenter Reformer bekannte Agent von Pine Ridge, Valentine McGillycuddy, sah eine natürliche Lösung des Problems in der langsamen Dezentralisierung der Stämme. „Bei meinem Amtsantritt fand ich elf Gruppen mit ebenso vielen Häuptlingen. ... Jetzt haben wir über dreißig Gruppen mit ebenso vielen Häuptlingen, und es steht zu hoffen, daß die Zeit nicht mehr fern ist, wenn es so viele Gruppen wie Familien geben wird; mit anderen Worten, daß jedes Familienoberhaupt sein eigener Häuptling ist."[16])

Genau dieses Ziel verfolgte die Politik der Aufteilung des Indianerlands und die Übertragung von Grundbesitz ins Privateigentum der Eingeborenen, die in der Vergangenheit immer wieder Teil von Verträgen mit verschiedenen Stämmen gewesen war. Die Maßnahme sollte die wirtschaftliche Stellung der Familien stärken, bewirkte aber zugleich die Auflösung der Stammesverbände und bescherte als angenehmen Nebeneffekt das Freiwerden von „Überschußland" für weiße Siedler. Nutznießer dieser Entwicklung waren auch die Gliedstaaten der Union, deren Steueraufkommen überwiegend auf Grundsteuern beruhte, von denen Reservationsland ausgenommen war. Die christlichen Reformpolitiker der achtziger Jahre drängten noch mit einem anderen Argument zur Landaufteilung: Nur so könnten die Indianer vom Joch der Tyrannei der Agenten und der Regierung befreit werden und als freie Bürger in den Genuß gleicher Rechte gelangen. Sie erreichten ihr Ziel 1887 mit der Verabschiedung eines Gesetzes *(General Allotment Act)*, in dessen Folge der eingeborene Landbesitz auf ein Drittel reduziert wurde.

Den Lakota galt in diesem Zusammenhang das besondere Interesse der weißen Politiker, da die 1868 errichtete Große Sioux Reservation einen Stolperstein für den Ausbau der Eisenbahnlinien und für die Entwicklung der nördlichen Plains darstellte. Schon die Abtrennung der Black Hills im Jahr 1876 hatte den Bestimmungen des Vertrags von Fort Laramie widersprochen, nach denen weitere Landabtretungen von einer Dreiviertel-Mehrheit der erwachsenen Männer ratifiziert werden mußten. 1882 begannen nun ernsthafte Versuche, die Zustimmung der Lakota zur Zerschlagung des großen Reservates zu erhalten: ein breiter Korridor sollte die erwünschte Ost-West-Verbindung schaffen, die entstehenden zwei Teile in kleinere Reservate gegliedert werden, auf denen dann das Land in Privateigentum überzuführen wäre. Ein entsprechendes Dokument wurde zwar von etlichen unter Druck gesetzten Häuptlingen unterzeichnet, unter dem Einfluß der Reformpolitiker verweigerte aber der Senat die Ratifikation. Ein Senatsausschuß unter Senator Dawes, dem Vater der General Allotment Act, fand nach Besuch der Reservation 1884 „die Sioux Nation praktisch einmütig gegen die vorgeschlagene Übereinkunft. ... Von den wenigen Unterzeichnern behaupteten die meisten, sie hätten damals seinen Inhalt nicht verstanden. Eine beträchtliche Anzahl gab an, irregeführt worden zu sein."[17]

Trotzdem schien es wegen des wachsenden Drucks der Siedler auch für Dawes keine echte Alternative zu dem gescheiterten Vorhaben zu geben. Sein modifizierter Plan enthielt Verbesserungen im Detail, doch das Ziel blieb unverändert. Allerdings dauerte es vier Jahre, bis das Repräsentantenhaus in Washington die Vorlage billigte. Eine neue Kommission unter Captain Pratt, dem Leiter der Indianerschule von Carlisle, besuchte die Lakota im Sommer 1888, kehrte aber mit einem mehr als dürftigen Ergebnis zurück. Die Lakota mißtrauten entschieden den Plänen der Weißen; trotzdem traten die Häuptlinge, denen wohl klar war, daß das Land notfalls auch ohne Zustimmung verloren gehen konnte, in Verhandlungen ein, um wenigstens die finanziellen Bedingungen zu verbessern. Auch die Weißen standen unter Druck, denn 1889 wurden die Staaten South Dakota und North Dakota geschaffen, für die die Landabtretung von größter Wichtigkeit war.

Wieder schickte man eine Kommission zu den Lakota, deren Chancen anfangs gleich Null schienen. Ihr wesentlichstes Mitglied war General Crook, der die Lakota geschickter zu behandeln wußte als seine Vorgänger und der zur Verbesserung der Stimmung auch manche der verbotenen „heidnischen Tänze" wieder zuließ. Nach langen Bemühungen (insbesondere um die Häuptlinge) gelang es, die Ablehnungsfront aufzubrechen. Luther Standing Bear berichtet, wie sein Vater trotz des Widerstands anderer Sicangu-Häuptlinge als erster das Abkommen unterschrieb. Zuerst wurde der Ruf „Tötet ihn, tötet ihn!" laut, doch dann kam einer der Männer nach dem anderen zum Tisch, um auch „die Feder zu berühren".[18] Am Ende zählte man 4463 Unterschriften von 5678 Wahlberechtigten, und auch wenn von vielen bis heute das Ergebnis in Zweifel gezogen wird, wurde so die Zerschlagung der Großen Sioux Reservation Wirklichkeit.[19]

Eines der Argumente der Reformer für die Landaufteilung war die Behauptung, die Indianer hätten nur als Farmer eine wirtschaftliche Überlebenschance. Die mit den lokalen Verhältnissen besser vertrauten Agenten hatten in dieser Hinsicht unterschiedliche Meinungen. McGillycuddys Bericht aus Pine Ridge ließ bereits 1881 an Klarheit nichts zu wünschen übrig: „Nach praktischer, mehrjähriger Erfahrung und Beobachtung dieser Gegend kann ich jeden Versuch, diese Leute selbst nur in beschränktem Ausmaß als Farmer sich selbst erhaltend zu machen, notwendigerweise lediglich für eine Verschwendung von Zeit, Arbeit und Geld halten, aus dem einfachen Grund, weil dieses Land für den Bodenbau ungeeignet ist, hauptsächlich wegen des fehlenden Regens zur entsprechenden Jahreszeit und wegen der austrocknenden, heißen Winde, die während der Sommermonate vorherrschen." Ebenso äußerte sich Agent John Cook aus Rosebud: „Aus der Erfahrung des letzten Jahrs schließe ich, daß es weit besser wäre, nichts mit dem Land zu versuchen, anstatt das Risiko einzugehen, das Geld der Regierung zu verschwenden. ... Wenn man sie auf ihre eigenen Resourcen und auf diese Reservation beschränkte, stürben unsere Indianer bald eines Hungertodes."[20]

Wenn Agent McLaughlin auf Standing Rock den aus Fort Randall heimgekehrten Sitting Bull 1883 trotzdem sein eigenes Feld bestellen ließ, so hatte das wohl mehr „erzieherische" Gründe. Und wenn Sitting Bull, der die Hacke doch noch recht ungeschickt gebrauchte, McLaughlin versicherte, nun wolle er auch wirklich ein Farmer werden, so darf die Ernsthaftigkeit der Äußerung bezweifelt werden.[21]

1890 waren die Aussichten für die Lakota einigermaßen triste: Innerhalb von fünfzehn Jahren hatten sie ihre Freiheit, ihren

Lebensunterhalt und einen großen Teil ihres Landes verloren; weiße Gerichte, weiße Verwaltung waren Wirklichkeit geworden, der Druck zur Aufgabe der alten Kultur war beträchtlich. Ungefragt sollten sie zu weißen Amerikanern werden. Immerhin hatten sie gehofft, daß ihre Zustimmung zur Landabtretung im Jahr zuvor durch vergrößerte Rindfleischrationen honoriert würde. Im Gegenteil wurden jedoch die Rationen mit der Begründung gekürzt, man hätte in der Vergangenheit die Zahl der Lakota zu hoch angesetzt.

Es kann nicht verwundern, daß die allgemeine Verunsicherung den Boden für radikale Bewegungen bereitete. Die offensichtliche militärische Überlegenheit der Armee – auch wenn sie nun nicht mehr auf den Reservationen in Erscheinung trat – schloß jeden Gedanken an einen Aufstand aus. So blieb in erster Linie die Flucht in die Träume: Träume von einer Heimkehr in die Vergangenheit, von einer Welt ohne Weiße. Die Anhänger der Geistertanzbewegung, sahen in der Trance ihre verstorbenen Verwandten in der Gemeinschaft des Erlösers, der diesmal gekommen war, um die Indianer zu retten. Sie brachten Fleisch aus der Geisterwelt zurück und trugen Hemden, oft aus Sackleinwand, an denen die Kugeln der Weißen abprallen würden. Im nächsten Frühjahr, so hieß es, würde sich die Welt erneuern und die Toten würden auferstehen.[22]

Die aktiven Geistertänzer unter den Lakota rekrutierten sich hauptsächlich aus jenen, die der Landabtretung im Jahr zuvor ablehnend gegenüber gestanden waren. Aber auch jene, die unterschrieben hatten, fühlten sich von der Kommission und ihren Versprechungen getäuscht. Es war nicht leicht, ein Freund der Amerikaner zu sein, und Häuptling American Horse gab General Crook die Schuld an der Unruhe unter seinen Leuten.[23] Agent Gallagher auf Pine Ridge, anfangs des Jahres von der neuen Regierung eingesetzt, legte sein Amt zurück, weil seine Beschwerden über die triste Versorgungslage auf taube Ohren gestoßen waren. Sein Nachfolger, D. F. Royer, trat ohne jede Vorerfahrung im Oktober sein Amt an und war auf der Reservation bald unter dem Namen „Young Man Afraid of Lakotas" bekannt.[24]

Royer fand die Situation in höchstem Maße bedrohlich. Der Geistertanz (obwohl von den christlichen Lakota abgelehnt) ließ die „wilden" Oglala noch wilder erscheinen, die schlechte Versorgungslage steigerte die Unzufriedenheit mit der Regierung und ihrem Agenten und untergrub die Autorität der Stammespolizei. Während etwa Agent Wright auf Rosebud mit einem scharfen Verweis bewirken konnte, daß Short Bull, der den Propheten des Geistertanzes, den Paiute Jack Wilson, besucht hatte, die für den Gebrauch der Lakota adaptierte Lehre nicht auf Rosebud verbreitete, sondern nach Pine Ridge ging, war Royer einfach niemals Herr der Lage. Vom Indianerbüro aufgefordert, jene Rädelsführer namhaft zu machen, deren zeitweise Internierung die Ruhe wiederherstellen würde, nannten die Agenten der verschiedenen Lakota-Reservate insgesamt etwa 15 Namen – Royer allein sprach von „wenigstens 64" nötigen Verhaftungen. Außerstande, die Oglala auf friedliche Weise zu beruhigen, forderte Royer Unterstützung durch die Armee an.

Der Truppenaufmarsch löste bei den Lakota eine beträchtliche Panik aus. Zu lebendig waren die Erinnerungen an die Zeiten des offenen Kriegs, zu deutlich das Bewußtsein der militärischen Unterlegenheit der weitgehend entwaffneten Eingeborenen gegenüber der hochgerüsteten Armee mit ihren Hotchkiss-Kanonen. Die 3000 Lakota, die aus Angst vor den weißen Soldaten in die bizarre Erosionslandschaft der Badlands im Nordwesten der Pine Ridge Reservation flohen, waren nicht nur Geistertänzer. Ihre Flucht vergrößerte wiederum die Angst der weißen Siedler, die darin den Beginn einer unheilvollen Verschwörung vermuteten.

Agent McLaughlin auf Standing Rock sah den Aufmarsch von Truppen auf „seiner" Reservation ungerne, obwohl der Geistertanz auch hier durch Short Bulls Schwager Kicking Bear eingeführt worden war, und Sitting Bull daraufhin die „Friedenspfeife" zerbrochen hatte, die er seit 1881 aufbewahrt hatte. Jetzt wolle er sterben, jetzt wolle er kämpfen, ließ Sitting Bull wissen. McLaughlin wartete mit der Verhaftung Sitting Bulls bis zum Einsetzen des Winters, wenn der Widerstand der Lakota geringer wäre.

Als Gerüchte aufkamen, Sitting Bull sei nach Pine Ridge eingeladen worden, um bei dem bevorstehenden Wiedererscheinen Gottes auf Erden dabei zu sein, sah sich der Agent zum Handeln genötigt. Im Morgengrauen des 15. Dezember 1890 umstellte Indianerpolizei Sitting Bulls Blockhaus, während eine Abteilung des 8. Kavallerieregiments die Aktion aus größerer Entfernung sicherte. Man fand den Häuptling schlafend und – nach dem Erwachen – willens, sich verhaften zu lassen. Während er sich ankleidete, erschienen seine Anhänger auf der Szene, und mit ihnen erwachte Sitting Bulls Widerstand. Innerhalb weniger Minuten kam es zum Blutbad: Catch-the-Bear, ein Gefolgsmann Sitting Bulls, schoß auf den Indianerpolizisten Bull Head, dieser erschoß im Fallen Sitting Bull, der gleichzeitig aus der Waffe des Polizisten Red Tomahawk in den Kopf getroffen wurde. Weitere Schüsse fielen, die Frauen bedrohten die Polizisten mit Messern und Keulen, doch als die Armee erschien, war alles bereits wieder ruhig. Unter den vierzehn Toten waren Sitting Bull, sein Sohn Crow Foot und sechs Polizisten.

Von den anderen als gefährlich angesehenen Häuptlingen trat Hump auf der Cheyenne River Reservation zur Überraschung des Militärs als Scout in den Dienst der Armee, um ein Blutvergießen zu vermeiden, und vermittelte die Kapitulation jener Anhänger Sitting Bulls, die nach dem Tod ihres Anführers zu Hump geflohen waren.

Big Foot, mit einer anderen Unterabteilung von Cheyenne River-Leuten und einigen Flüchtlingen aus Standing Rock, wurde von der Armee in seinem Dorf gestellt und sollte dazu veranlaßt werden, mit seinen Anhängern zur Agentur zu kommen. Selbst die in den Badlands verbarrikadierten Lakota begannen, zur Agentur zurückzukehren: zuerst Crow Dog und Two Strike, später auch Kicking Bear und Short Bull. Alles schien sich zu beruhigen.

Gänzlich unerwartet verließ am 22. Dezember Big Foots Gruppe das Dorf und zog in Richtung der Badlands von Pine Ridge, vermutlich weil sie Gerüchten Glauben geschenkt hatten, sie sollten am nächsten Tag gewaltsam zur Agentur gebracht oder erschossen werden. Von den über 340 Lakota dieser Abteilung waren knapp über 100 Krieger, der Rest Frauen und Kinder. Ihre Bewaffnung bestand lediglich aus leichten Jagdgewehren. Die Armee, die mit 3000 Mann auf den Sioux-Reservationen stand, verfolgte den an Lungenentzündung erkrankten Big Foot, stellte ihn am 28. Dezember und erzwang seine bedingungslose Kapitulation. Das der Gruppe zugewiesene Lager am Wounded Knee Creek war vollständig von der Armee umschlossen, deren vier Hotchkiss-Kanonen von einer leichten Erhebung aus direkt auf die Zelte gerichtet waren, zwischen denen die Lakota die weiße Fahne gehißt hatten.

Am 29. Dezember 1890 sollte die Entwaffnung erfolgen, doch die Krieger leisteten passiven Widerstand. Die meisten trugen ihre „kugelsicheren" Geistertanzhemden, und ein würdiger Tod mag ihnen zu diesem Zeitpunkt lieber gewesen sein, als die würdelose Behandlung durch die Weißen. Ein Schuß aus dem Gewehr eines Lakota löste eine Salve der Hotchkiss-Kanonen aus, die je etwa 50 Zwei-Pfund-Geschosse pro Minute auf das Lager regnen ließen. Die wenigen überlebenden Krieger versuchten, sich einen Fluchtweg freizuschießen, während die außer Kontrolle geratenen Soldaten auf alles schossen, was sich bewegte. Die Angaben über die Zahl der Toten sind recht unterschiedlich: man muß um 200 tote Lakota annehmen, davon etwa zwei Drittel Frauen und Kinder. Die Indianerkriege der USA hatten ein unrühmliches Ende genommen.

Wounded Knee ist für Lakota und Weiße ein wichtiges Symbol geblieben. Als 1973 Aktivisten des American Indian Movements in einer spektakulären Aktion den Ort Wounded Knee besetzten und eine neuerliche bewaffnete Konfrontation mit den USA provozierten, konnten sie sich der schuldbewußten Sympathie weiter Kreise der Öffentlichkeit sicher sein.[25] Hundert Jahre nach dem Massaker sind die Lakota Amerikaner geworden, genauer gesagt: auch Amerikaner. Die Bürokratie des Indianerbüros, die nun von Indianern selbst dominiert wird, gibt weiter zu Kritik Anlaß – aber daß sie im Jahr 1990 überhaupt noch erforderlich sein würde, hätte 1890 der pessimistischste Reformer nicht für denkbar gehalten. Die Landbasis der Lakota ist noch weiter geschrumpft, die Arbeitslosigkeit hat sich nicht wesentlich gebessert, und die Bisons sind nur als gehegte Herden zurückgekehrt. Aber es gibt wahrscheinlich mehr Lakota als je zuvor in der Geschichte und ihre Zahl hat sich gemeinsam mit dem Stolz, Lakota zu sein, vermehrt.

ANMERKUNGEN

1 James McLaughlin, My Friend the Indian. Lincoln–London: University of Nebraska Press. S. 21.
2 George Hyde, Red Cloud's Folk. A History of the Oglala Sioux Indians. Norman: University of Oklahoma Press. 1975. S. 274–278.
3 Hyde, Red Cloud's Folk, S. 295–298: John Neihardt, Schwarzer Hirsch: Ich rufe mein Volk. München: dtv, 1962. S. 97–101.
4 McLaughlin, My Friend the Indian, S. 97–116.
5 Francis Paul Prucha, American Indian Policy in Crisis. Norman: University of Oklahoma Press, 1976. S. 211–212.

6 Vgl. Frederick E. Hoxie, A Final Promise. The Campaign to Assimilate the Indians, 1880–1920. Lincoln: University of Nebraska Press 1984. S. 115–145. Morgan selbst war weniger optimistisch bezüglich der Möglichkeit, den Entwicklungsprozeß zu beschleunigen. Ein Überspringen von Entwicklungsstadien sei nicht möglich, und auch unsere Ahnen hätten für den analogen Reifeprozeß Jahrtausende benötigt (vgl. Prucha, American Indian Policy, S. 156–157).

7 Ein großer Teil der praktischen Ideen zur Indianerpolitik jener Zeit kam aus den Reihen christlicher Reformpolitiker, die sich als „Freunde der Indianer" verstanden – und teilweise auch von einer gebildeten Elite in den Stämmen selbst unterstützt wurde. Nachdem das von Präsident Grant eingeführte Modell, die Verwaltung der Reservationen den christlichen Konfessionen selbst zu übertragen, nach 1877 als gescheitert aufgegeben wurde, kehrte man zur Praxis der Besetzung der Agenturen nach parteipolitischen Gesichtspunkten zurück. Jeder Regierungswechsel brachte folglich ein neues Team von Protektionskindern auf die Reservate. Die daraus entstehende Instabilität war kaum zum Nutzen einer konsequenten Verwirklichung irgendwelcher Reformideen.

8 Annual Report of the Commissioner of Indian Affairs to the Secretary of the Interior for the Year 1877. Washington: Government Printing Office 1877, S. 48–51.

9 Der ältere, auch von Hammond erwähnte Plan, auch die Lakota in das Indianerterritorium im heutigen Oklahoma umzusiedeln, wurde allerdings um diese Zeit aufgegeben.

10 Eingeborene und weiße Augenzeugenberichte über die Veränderungen in dieser Epoche und ihre Bewertung finden sich z. B. bei Luther Standing Bear, My People the Sioux. Lincoln: University of Nebraska Press 1975; Elaine Goodale Eastman, Sister to the Sioux. Lincoln: University of Nebraska Press 1978; Emily H. Lewis, Wo'wakita. Reservation Recollections. Sioux Falls: Center for Western Studies 1980.

11 Vgl. die Erfahrung von Luther Standing Bear in Carlisle (My People the Sioux, S. 132–160) und die von Elaine Eastman (Sister to the Sioux) als Lehrerin in Standing Rock, sowie diverse Schulerinnerungen in Lewis, Wo'wakita. Der Agent auf Standing Rock fügt seinem Bericht von 1881 die Rede des Lakota „Don't-know-How" an, der die Verschickung seiner Tochter nach Carlisle mit einem Kriegszug vergangener Tage vergleicht. Damals hätte man gesagt: Bringst Du vom Kriegspfad einen Skalp zurück, wirst Du geehrt; kehrst Du nicht zurück, wird Dein Name geehrt (Annual Report of the Commissioner of Indian Affairs... for 1881, S. 195).

12 William T. Hagan, Indian Police and Judges: Experiments in Acculturation and Control. New Haven: Yale University Press 1966.

13 George E. Hyde, Spotted Tail's Folk. A History of the Brulé Sioux. Norman: University of Oklahoma Press 1961. S. 308–336.

14 Vine Deloria (Hrsg.), Of Utmost Good Faith. New York: Bantam 1972. S. 153–168.

15 Annual Report of the Commissioner of Indian Affairs... for 1881. S. 59–60.

16 Annual Report of the Commissioner of Indian Affairs... for 1880. S. 41.

17 Prucha, American Indian Policy, S. 176.

18 Standing Bear, My People, S. 210–216.

19 Prucha, American Indian Policy, S. 169–187; vgl. Robert M. Utley, The Last Days of the Sioux Nation. New Haven: Yale University Press 1963. Text des Great Sioux Agreement in Deloria, Of Utmost Good Faith, S. 79–97.

20 Annual Report of the Commissioner of Indian Affairs... for 1881, S. 46, 52.

21 Annual Report of the Commissioner of Indian Affairs... for 1885, S. 24.

22 James Mooney, The Ghost-Dance Religion and the Sioux Outbreak of 1980. Chicago: University of Chicago Press 1965. S. 41–42.

23 James Mooney, The Ghost-Dance Religion, besonders S. 84–85; Eastman, Sister of the Sioux, S. 136–144; Standing Bear, My People, S. 217–222; Neihardt, Schwarzer Hirsch, S. 154–165. Ex-Agent McGillycuddy sah die Schuldfrage einfacher: An allem Übel sei die demokratische Partei und ihre Administration schuld; unter den Republikanern hätte es so etwas nicht gegeben (Mooney, Ghost-Dance Religion, S. 77).

24 Die folgende Darstellung der Ereignisse fußt in erster Linie auf den von Mooney, Ghost-Dance Religion, S. 74–140, zusammengestellten Daten. Vgl. auch James H. McGregor, The Wounded Knee Massacre. From the Viewpoint of the Sioux. [1940] Rapid City: Fenwyn Press 1969; Donald F. Danker (Hrsg.), The Wounded Knee Interviews of Eli S. Ricker. Nebraska History 62 (2), S. 151–243; und die persönlichen Erinnerungen von Eastman, Sister of the Sioux, S. 145–162; Standing Bear, My People, S. 222–230; Neihardt, Schwarzer Hirsch, S. 165–173. Zum Zögern der Weißen, die Schuld für die Ereignisse anzuerkennen, vgl. Deloria, Of Utmost Good Faith, S. 252–275.

25 Vgl. z. B. Robert Burnette und John Koster, The Road to Wounded Knee, New York: Bantam 1974, S. 220–254; Christian F. Feest, Das rote Amerika, Wien: Europaverlag 1978. S. 364–376.

DIE EINWEIHUNG VON STANDING ROCK
Sitting Bull (stehend links), der Agenturverwalter James McLaughlin (Mitte) und der Übersetzer Joe Primeau (rechts) neben dem neuen Monument.
Photographie von D. F. Barry, nach 1883, Standing Rock Agentur.

AUF DER AGENTUR STANDING ROCK

„*Die Tötung der Tiere soll in einem Verschlag erfolgen und so unbemerkt wie möglich vor sich gehen, ... und zwar auf einem Fußboden aus Brettern oder Baumstämmen. Der Boden soll von oben oder unten mit fließendem Wasser gespült werden, ... um die Reinlichkeit zu gewährleisten. Der Verzehr von Blut oder Eingeweiden ist den Indianern streng verboten. ... Mit einem Wort: In manchen Agenturen wurde diese Arbeit bisher so gehandhabt, daß es der Behörde zur Schande gereicht und einen Anreiz für die wilden Instinkte der Indianer darstellte; und ich will, daß dieser Aspekt der Arbeit ihnen den Unterschied vor Augen führt, der in dieser Hinsicht zwischen dem zivilisierten Menschen und dem Wilden besteht...*"
(Thomas J. Morgan, Instructions to Agents in Regard to the Manner of Issuing Beef, zitiert nach Francis P. Prucha (Hrsg.), Americanizing the American Indian, Writings by the „Friends of the Indian", 1890–1900. Lincoln 1973, S. 307.)

AM TAG DER RATION
Eine Versammlung unter Aufsicht der indianischen Polizei bei der Ausgabe von Rindfleischrationen. Das texanische Vieh wurde in den Korral getrieben und wie bei einer Bisonjagd abgeschossen.
Photographie von D. F. Barry, um 1880, Standing Rock Agentur.

ZENSUS
Agenturbewohner versammeln sich zur jährlichen Zählung. Die Namenslisten bildeten die Basis für die Ausgabe der Annuitäten, der Haushaltswaren und der Lebensmittelrationen. Der Verwalter J. McLaughlin am linken Tisch vorne sitzend. Photographie von D. F. Barry, nach 1883, Standing Rock Agentur.

AM TAG DER RATIONEN
Agenturbewohner warten auf die jährliche Rente, die aus Landverkäufen und Wegerechten finanziert wurde und auf die Ausgabe von je ½ Pfund Mehl und 3 Pfund Bohnen, 4 Pfund Kaffee und 8 Pfund Zucker, weiters auf Salz, Seife und Geschirr. Außerdem erhielten sie einmalig pro Familie Fuhrwerke zugeteilt.
Photographie von D. F. Barry, um 1880, Standing Rock Agentur.

EIN LAGER DER HUNKPAPA
Im Camp von Sitting Bull, ca. 85 km von der Agentur entfernt, trocknen Frauen nicht mehr Bisonfleisch sondern selbst angebauten Mais. Innerhalb von 10 Jahren war die Grundlage ihrer Nahrungsversorgung zerstört worden.
Photographie von D. F. Barry, um 1888, Standing Rock Agentur

DIE SITTING BULL-SCHULE
auf der Reservation Standing Rock.
Photographie von D. F. Barry, um 1890.

RELIGIÖSE GEMEINSCHAFT DER LAKOTA-FRAUEN
Die Photographie zeigt eine Gruppe von konvertierten Frauen.
Photographie von D. F. Barry, um 1888, Standing Rock Agentur.

RAIN-IN-THE-FACE UND SEINE FRAU SATI
Photographie von D. F. Barry, um 1885.

RICHTER CRAZY WALKING, MAD BEAR
und ein unbekannter Mann.
Photographie von D. F. Barry, um 1888, Standing Rock Agentur.

Ein weiteres Hindernis, das der Zivilisierung der Indianer im Wege steht, ist der Einfluß der Medizinmänner, die sich immer auf der Seite derer befinden, die gegen den Fortschritt sind. Die Medizinmänner bedienen sich der verschiedensten Listen und Tricks, um die Leute unter ihrem Einfluß zu halten. Besonders liegt ihnen daran, die Kinder vom Besuch der öffentlichen Schulen abzuhalten. Durch ihre Taschenspielertricks hindern sie die Leute daran, ihre heidnischen Rituale und Bräuche aufzugeben. ... Man sollte Maßnahmen ergreifen, um diese Betrüger zur Aufgabe ihrer Praktiken zu zwingen, die den Indianern nicht nur keinen Nutzen, sondern sogar direkten Schaden bringen..."
(Der Innenminister Henry M. Teller, ein früherer Senator aus Colorado, leitete eine Kampagne gegen die Überreste indianischer Kultur; zitiert nach Prucha, Americanizing the American Indians, 1973, S. 297–298.)

DER MEDIZINMANN FROST
als Gefangener auf der Agentur.
Photographie von D. F. Barry, um 1880, Fort Yates.

SHOOTING STAR UND IHRE SCHWESTER
(r. n. l.).
Photographie von D. F. Barry, um 1889.

DER KRIEGSTANZ
ist ein sozialer Tanz der Gemeinschaft. Ursprünglich gemeinsam mit dem Sonnentanz und wichtigen Zeremonien aufgeführt, verbreitete er sich nach 1890 mit den indianischen Shows bei Rodeos und Festen. Bewohner der Agentur tanzen hier unter amerikanischer Flagge zu Ehren der Regierungsvertreter.
Photographie von D. F. Barry, um 1889.

HAIRY CHIN
Als ältesten Hunkpapa der Agentur bat man ihn, im Uncle Sam-Kostüm die Parade des Unabhängigkeitstages in Bismarck anzuführen. Der Photograph lud ihn in sein Photostudio in Bismarck ein.
Photographie von D. F. Barry, 1889.

RED CLOUD
und die Oglala übersiedelten um 1877 vom White River auf die neu errichtete Pine Ridge Agentur.
Photographie von C. G. Morledge, 1890/91.

DIE RESERVATION PINE RIDGE

EINE ANSICHT DER PINE RIDGE AGENTUR
Photographie von C. G. Morledge, 1891.

DAS LAGER VON LITTLE WOUND
in der Nähe der Agentur. Der Photograph George Trager (sitzend) auf weißem Pferd.
Photographie von C. G. Morledge, 1891.

DIE LEBENSMITTELVERTEILUNG
Der Kongreß hatte die vertraglich festgelegten Rationen um zwei Drittel gekürzt und die Dürre von 1887 zerstörte die wenigen Feldfrüchte.
Photographien von C. G. Morledge, Pine Ridge, 1891.

Captain William S. McCaskey, 20. Infanterie, vermerkte zur Ausgabe der Rationen am 14. Dezember 1889 in Fort Assiniboine:
„Es muß erwähnt werden, daß die Mehlration weniger als die Hälfte, die Kaffee-, Salz-, Seife- und Zuckerration ungefähr ein Fünftel der Armeerationen betragen."
(Donald D. Danker, Edit.: The Wounded Knee Interviews of Eli S. Ricker, Nebraska State Historical Society, 1981, S. 156.)

DAS ZIMMER VON RED CLOUD
Photographie von C. G. Morledge, 1891.

IM HAUS VON AMERICAN HORSE
Photographie von C. G. Morledge, 1891.

DIE HAUPTSTRASSE AUF DER AGENTUR
Photographie von C. G. Morledge, 1891.

„Der Omaha-Tanz, die Medizinmänner und die alten Häuptlinge bilden den Kern der fortschrittsfeindlichen Kräfte im indianischen Leben. Der Ausdruck dieser Lebensweise findet sich im Tanz, im indianischen Aberglauben, in Legenden, in der Jagd und in den Erinnerungen (die glücklicherweise allmählich zu bloßen Erinnerungen verblassen) an die indianische Kriegsführung mit ihrer grausamen Geschichte von Mord, Raub und Gier. Die Macht der Zivilisation, auf die sich der Agent, der Missionar und der Lehrer berufen muß, findet ihren Ausdruck in Kirche, Schule und Familie, in der Landwirtschaft und in einem reinen und edlen Umgang miteinander..."
(Thomas J. Morgan über die Verurteilung der Wild West Shows; zitiert nach Prucha, Americanizing the American Indians, 1973, S. 316.)

OMAHA-TÄNZER UND BEMALTES KRIEGSPFERD AUF DER AGENTUR
Photographie von C. F. Morledge, 3. Juli 1891, Pine Ridge Agentur.

„Unser größter Fehler besteht darin, die Indianer mit unserer Zivilisation zu speisen statt unsere Zivilisation mit den Indianern. ... Wir laden die Deutschen in unser Land und unsere Gemeinden ein, bieten ihnen die Gelegenheit, an unseren Sitten und unserer Zivilisation teilzuhaben; und das Ergebnis ist ein unmittelbarer Erfolg. ... Warum versuchen wir nicht das gleiche mit den Indianern? Warum ermuntern und zwingen wir sie ständig dazu, ein Volk für sich zu bleiben?"
(Captain Richard Pratt über die Erziehung der Indianer; zitiert nach Prucha, Americanizing the American Indians, 1973, S. 268.)

DIE BAND DES HAMPTON NORMAL AND AGRICULTURAL INSTITUTE
Oglala-Schüler in einer staatlichen Internatsschule in Virginia, ca. 2500 km von Pine Ridge entfernt.
Photograph unbgekannt, um 1880.
Courtesy Harbaugh Collection.

KRIEGSTANZ AUF DER AGENTUR ROSEBUD
Photographie von C. G. Morledge, 25. Dezember 1890.

SITTING BULL
Dies ist wahrscheinlich die letzte Aufnahme des angeblichen „Anführers" der Geistertanzbewegung. Er wurde am 15. Dezember 1890 bei seiner Verhaftung gemeinsam mit seinem Sohn von Indianerpolizisten getötet.
Photographie von D. F. Barry, um 1889.

WOUNDED KNEE

Aus einem Interview von Eli S. Ricker mit Robert O. Pugh, der 1890 für die Ausgabe von Rationen mit Nahrungsmittelkarten auf der Pine Ridge Agentur verantwortlich war. Allen, Süd-Dakota, 21. August 1907:

„Der Geisterwahn war ein religiöser Wahn, der viel mit der religiösen Verzückung, die man auch in weißen Gemeinschaften findet, gemeinsam hat. Der Tänzer verausgabte sich so sehr, daß er schließlich in Trance verfiel, wobei die Visionen durch den leeren Magen gefördert wurden. Der nagende Hunger hatte eine starke Wirkung auf den abergläubischen, ungeschulten Geist. Wenn der Tänzer aus der Trance erwachte, nagte er am Gras... Commissioner Morgan war ein Baptistenprediger. ...Als man ihm sagte, daß die Indianer hungrig seien, wollte er wissen, welche Art von frommer Lektüre für sie am geeignetsten sei. Er tat so, als würde ein leerer Magen den spirituellen Appetit anregen. Alle Betroffenen hatten mit ernsten Problemen zu kämpfen. ...Den Indianern gab man die Schuld an allen Schwierigkeiten."

(Danker, The Wounded Knee Interviews, 1981, S. 225–226.)

RED TOMAHAWK UND EAGLE MAN
Red Tomahawk tötete Sitting Bull mit einem Kopfschuß.
Photographie von D. F. Barry, 1891, Fort Yates.

LT. PERSHINGS OGLALA-SCOUTS, KOMPANIE B
auf der Pine Ridge Reservation.
Photographie von C. G. Morledge, 1891.

"BUFFALO SOLDIER": EINE BERITTENE FARBIGE TRUPPE
Am 20. November 1890 marschierten drei Kompanien (170 Soldaten) der farbigen 9. Kavallerie in Pine Ridge ein. Seit den Kriegen von 1876 hatte die Regierung mit keiner so offensichtlichen Demonstration von militärischer Macht gedroht. Photographie von C. G. Morledge, im März 1891, Pine Ridge Agentur.

Die Unruhen, die der Geistertanz auslöste, waren für Reporter und Photographen die letzte Chance einen Krieg mit Indianern mitzuerleben. C. W. Allen, Herausgeber des „Chadron Democrat" und Sonderkorrespondent des „New York Herald", C. H. Cressey von der „Omaha Bee" und W. F. Kelly vom „State Journal" waren Augenzeugen des Massakers.
„An der Pressefront: Pine Ridge, 2. Dezember 1890.
Folgende Zeitungen haben ihre Korrespondenten nach Pine Ridge geschickt, wo sie die einlaufenden Meldungen studieren, echte Nachrichten von leerem Geschwätz zu trennen versuchen oder alle Sensationsregister ziehen – je nachdem wie ihre Blätter sie instruiert haben: der „New York Herald", die „Chicago Tribune", die „Inter Ocean Times", die „St. Paul Pioneer Press", die „Omaha Bee" und der „World Herald" sowie das „Lincoln State Journal"...
(Hans Christoph Buch: Tatanka Yotanka oder Was geschah wirklich in Wounded Knee? Berlin 1979, S. 46.)

LT. COLEMAN VON DER 9. KAVALLERIE
am Schlachtfeld nach der Tragödie.
Photographie von G. Trager, 1891, Courtesy Nebraska State Historical Society.

DAS LAGER VON BIG FOOT NACH DEM MASSAKER VON WOUNDED KNEE, NORDANSICHT

Am Morgen des 29. Dezember hatte das 7. Kavallerieregiment mit Verstärkungen von Colonel Forsyth Big Foot und seine Gruppe mit einer Postenkette umzingelt. Eine Batterie Hotchkiss-Kanonen wurde auf dem Hügel oberhalb des Lagers gefechtsbereit gemacht.
Photographie von North Western Photographic Company, 1. Januar 1891, Courtesy Harbaugh Collection.

"DER MEDIZINMANN CRAZY BEAR"
Der Abgebildete wurde nicht identifiziert, sondern vom Photographen für seine Zwecke mit einem Namen versehen. Es handelt sich um einen der vielen jungen Männer in Big Foots Gruppe.
Photographie von C. G. Morledge oder G. Traeger, 1. Januar 1891.

DER MEDIZINMANN CRAZY BEAR,
wahrscheinlich um 1890 von einem unbekannten Photographen aufgenommen. Die Photographie wurde nach dem Massaker von Wounded Knee von der Northwestern Photographic Co. mit Jan. 1/1891 datiert.
Photograph unbekannt, um 1890, Courtesy Harbaugh Collection

SI'TANKA WOKIKSUYE
Hier und da stieß man auf Leichen, mit Reif überzogen und so reglos wie die Luft, die über dem Lagerfeuer hing. Ein schwacher Protest gegen den Riesen des Nordens. Wir sind seit zwei Tagen unterwegs, und Hunger und Kälte machen sich bemerkbar. Ich denke an einen anderen Ort und eine andere Zeit: an Wounded Knee und das Jahr 1890. An den Anblick der gefrorenen Leichen in den Ebenen meiner Heimat. An die schönen Träume, die im Schnee gestorben sind. An die zerstörten Hoffnungen einer Nation. An den Schmerz, den wir, die Überlebenden, noch immer spüren. Die Lakota machen auch heute weiter, allein und bewaffnet nur mit dem Wissen ihrer Großväter, den Erinnerungen ihrer Großmütter. Gestern Nacht vor hundert Jahren überquerte Häuptling Big Foot mit Pferd und Wagen den White River. Er hatte 200 Frauen und Kinder bei sich und war noch dazu krank. Wir bauen die Nation wieder auf, abseits vom amerikanischen Traum, der unser Alptraum ist. Wir haben bis ins zwanzigste Jahrhundert überlebt, aber die Erinnerung bleibt. Erst letzte Nacht hat er den White River überquert, die kalten Südwinde blasen wieder auf seiner Spur, und zwei Kojoten auf der Paßhöhe zeigen den Weg, der hinunter in die Badlands und die Reservation führt. Die Menschen wachen auf, und die Söhne und Töchter sammeln sich und singen das Lied für die Mutigen: ‚Das Volk ruft deinen Namen, steh auf und komm in die Mitte.' Ich reite, weil der Mann im Grab mein Großvater ist. Was weh tut, sind die 23 Tapferkeitsmedaillen, die seine Mörder erhielten. Ich reite, weil die Hoffnung meiner Nation wieder erwacht, wieder aufsteht, wieder lebt. Ich denke an einen Spruch der Weißen: ‚What goes around comes around.'
Milo Yellow Hair, Headman des Lakota Treaty Council.
Pine Ridge Reservation, 1990.

BIG FOOT IM TODE
Der Minneconjou-Lakota Big Foot „Si'tanka" starb sitzend unter weißer Flagge am Ort seiner Kapitulation, dem Wounded Knee Creek, 29. Dezember 1890.
Photographie von C. G. Morledge, 1. Januar 1891, Wounded Knee, S. D.

DAS EINSAMMELN DER INDIANISCHEN OPFER
Nach dem Massaker am 29. Dezember zwang ein Blizzard die 7. Kavallerie das Schlachtfeld zu verlassen.
Am 1. Jänner 1891 begann das Einsammeln der vereisten Leichen, die in einem Massengrab auf einem Hügel beim Wounded Knee Creek bestattet wurden.
Photographie von G. Trager, 1. Januar 1891, Wounded Knee, S. D., Courtesy Nebraska State Historical Society.

EIN MASSENGRAB FÜR DIE TOTEN
Photographie G. Trager, North Western Photographic Co., 1891, Courtesy Nebraska State Historical Society.

DIE OPFER VON WOUNDED KNEE

Einige der Toten sind in einem Massengrab begraben, viele wurden verscharrt und nie identifiziert. Die Untersuchungen über die Opfer von Cheyenne River, Cherry Creek, Standing Rock, Pine Ridge, der Crow Agentur in Montana, Green Grass in Süddakota und Wood Mountain in Kanada sind nicht abgeschlossen.

Familie Big Foot
Familie Iron Eyes
Familie Horned Cloud
Familie Beard
Familie Shedding Bear
Crazy Bear
Familie Elk Creek
Old Good Bear
Familie Young Good Bear
Familie Pretty Hawk
Familie Shoots the Right und Bad Wound
Familie Bear Parts Body und Little Boy
Familie Brown Beaver
Familie High Hawk
Brown in the Ears und Sohn
Shading Bear
Familie Long Bull
Familie Courage Bear
Familie Black Hawk und Weasel Bear
White American
Black Cayote
Henry Three oder Pretty Bold Eagle
Familie Sun in the Pupil
Has a Dog
Red Shirt Girl
Frau White Day und Little Boy
Charge at Them
Old Woman und Trouble in Front
Frau Last Running und Red White Cow

Ghost Horse
Living Bear
Afraid of Bear
Young Afraid of Bear
Yellow Robe
Wounded Hand
Scatters Them
Familie Swift Bird
He Crow und seine Tochter Pretty Woman
Frau Buckskin Breech Cloud und Söhne Running in Lodge,
White Feather und Little Boy
Spotted Thunder
Picked Horses
Bear Cuts Body
Chase in Winters
Tooth Its Hale
Red Horn
Little Water
No Ears
Wolf Skin Necklace
Lodge Skin Knopkin
Charge at Them
Big Shirt
Brown Turtle
Blue American
Pass Water in Horn
Familie Small Bodied Bear
Small Side Bear

Kills Seneca
Familie Courage Bear
Familie Whirl Wind Hawk
Frau Yellow Buffalo Calf
Louis Close to Home
Cast Away And Run
Bad Braves
Frau Burnt Thigh
Familie Strong Fox
Frau One Feather und Sohn
Familie Old Man Yellow Bull
Frau Bring Earth to Her
Familie Bad Owner
Frau Brown Woman
Shakes the Bird
Familie Red Ears Horse
Shoots with Hawk Feather und seine Mutter
Frau Chief Woman
Frau Trouble in Love
Frau Stone Hammer und Baby
Wolf Eagle und Good Boy
Edward Wolf Ears
Little Girl
Shoot the Bear und Mutter
Feather Earring und Sohn
Frau Scarlet Calf und Sohn
Kills Assiniboine
Kills Crow Indian
Familie Little Body Bear

Red Eagle und Tochter Eagle Body
Familie Little Elk
Familie Black Shield
Frau Brown Leaf
Frau Looks Back
Frau Bear Gone
Frau Bird's Belly
White Wolf
Familie Wood Shade
Familie Running Standing Hairs
Familie He Eagle
Familie Log
Familie Brown Hoops
Frau Last Talking
Not go in Among
Frau Comes out Rattling
Big Voice Thunder
Long Medicine
Familie Broken Arrow
Familie Young Man Eagle
Bird Wings
Not Afraid of Lodge
Bear Comes and Lies
Wears Calf's Robe
Yellow Robe und ihr
Sohn Wounded in Winter
Frau Black Hair
Familie Bad Spotted Eagle
Familie Drops Blood

Telegramm von General Nelson Miles, dem Kommandanten der Truppen in Süd-Dakota, an General John A. Schofield, dem Kommandanten der Armee, und an Senator Henry L. Dawes:
15. Dezember 1889

„Das schwierige Indianerproblem kann auf Dauer nicht von hier aus gelöst werden. Eine Lösung setzt voraus, daß der Kongreß die Verpflichtungen des Vertrages, den zu unterzeichnen die Indianer gedrängt und genötigt wurden, einhält. Die Indianer haben auf wertvolle Teile ihrer Gebiete verzichtet. . . Sie waren der Meinung, daß man umfassende Vorsorge für ihre Bedürfnisse treffen werde; stattdessen wurden ihre Rationen gekürzt, und oft waren sie gezwungen, von der Hälfte oder zwei Dritteln der vorgesehenen Rationen zu leben. Sowohl die Indianer als auch die Weißen haben in den letzten zwei Jahren fast nur Mißernten erlitten. ... Wenn uns die Regierung die Zusage geben kann, daß sie ihren Teil des Vertrages erfüllen wird... kann sie sich darauf verlassen, daß das Militär dieses aufrührerische Volk bändigen, lenken und regieren wird."
(Danker, The Wounded Knee Interviews, 1981, S. 156-157.)

DIE GLORREICHE TRUPPE E DER ERSTEN ARTILLERIE
Dieser Verband der Ersten Artillerie posiert hier mit einer Hotchkiss-Kanone (Reichweite: 3 km).
Photographie von C. G. Morledge, 1. Januar 1891, Wounded Knee, S. D.

GENERAL MILES UND DER GENERALSTAB
Photographie von C. G. Morledge, um 1890.

EIN LAGER DER BRULÉ
Nach dem Massaker von Wounded Knee versammelten sich ca. 3000 Lakota in einem großen Lager in der Nähe von Pine Ridge.
Photographie von John C. H. Grabill, 1891. (Harbaugh Collection)

DIE ENTWAFFNUNG DER FEINDLICHEN INDIANER
Die Anhänger des Geistertanzes begannen am 15. Jänner 1891 aufzugeben. Aus einer Distanz von zwei Meilen waren sie sichtbar, als sie auf das Lager von Big Road zuritten.
Photographie von C. G. Morledge, 15. Jänner 1891, Pine Ridge Agentur.

DIE ANFÜHRER DES GEISTERTANZES TWO STRIKE, CROW DOG UND HIGH HAWK (v. l. n. r.)
Der Brulé Two Strike (1821–1914) lebte unter der Führerschaft von Spotted Tail auf der Rosebud-Agentur und verbündete sich in späteren Jahren mit Crow Dog. Er wurde einer der Befürworter des Geistertanzes und war als „feindlicher" Stammespolitiker nach dem Massaker von Wounded Knee nach Washington eingeladen worden.
Der Brulé Crow Dog war im Zeitraum von 1878–82 Polizeichef von Rosebud. Er opponierte gegen Spotted Tail, der innerhalb der Nation ins Zwielicht geraten war.
Photographie von C. G. Morledge, Northwestern Photographic Co., 1891.

KICKING BEAR, YOUNG-MAN-AFRAID-OF-HIS-HORSES UND STANDING BEAR (v. l. n. r.)
Photographie von C. G. Morledge und North Western Photographic Co., 30. Jänner 1891.

SHORT BULL
„Tatanka Ptecela"
Brulé-Lakota (ca. 1847–1935)
lebte ursprünglich auf der Rosebud Reservation und übersiedelte 1890 nach Pine Ridge. Berühmtheit erlangte er als einer der Anführer der Geistertanzbewegung. Buffalo Bill nahm ihn 1891 für die Europatournee unter Vertrag. Er wurde 1935 von einem Auto angefahren und tödlich verletzt.
Unbekannter Photograph, 1891. (Harbaugh Collection)

DIE FAMILIE VON SITTING BULL
Die trauernden Witwen (mit abgeschnittenem Haar)
Seen-by-Her-Nation (zweite von links) und Four Times (rechts), in der Mitte John Sitting Bull jr., von der Gemeinschaft aus Furcht vor Repressalien ausgeschlossen, posieren für den bezahlenden Photographen.
Photographie von D. F. Barry, 1891.

SITTING BULL UND WILLIAM F. CODY
Sitting Bull nahm nur an einer Tour der Wild West Show von Buffalo Bill alias W. F. Cody teil.
Photographie von William Notman und Sohn, aufgenommen von David Notman, 1885.

Christian F. Feest

Buffalo Bill und sein „Wild West"

Amerika und Europa auf der Suche nach „Indianern" und nach sich selbst

Die Wiener, die 1890 in den Prater pilgerten, um Buffalo Bills Wild West zu sehen, wurden kaum vom Reiz des Unbekannten angezogen. Erst im Jahr zuvor war „Oberst" William Codys ehemaliger Kompagnon Dr. Carver, ein zum Kunstschützen gewandelter Dentist, mit einem Trupp von Cheyennes und Lakotas bei der Rotunde aufgetreten; 1886 waren Frank Harveys „Sitting Bull Sioux Indianer" ebendort zu Gast gewesen. Die Geschichte der öffentlichen Schaustellung amerikanischer Ureinwohner in der Kaiserstadt reichte wenigstens bis zum Jahr 1722 zurück, als zwei prächtig tätowierte „indianische Prinzen" (Träger von Creek-Häuptlingstiteln) einem dankbaren Publikum vorgeführt wurden.[1])

Theaterbesuchern waren schon im späten 18. Jahrhundert August von Kotzebues rousseauistische „Indianer in England" – selbst ein Produkt des wachsenden transatlantischen Tourismus – ein Begriff; Nestroys „Häuptling Abendwind" spielte zwar in der Südsee, trug aber unverkennbar amerikanische Züge. Bereits 1790 war in Wien ein vierbändiges illustriertes Werk über „Sitten und Meinungen der Wilden in Amerika" erschienen; vier Jahrzehnte später wurden Coopers Romane unmittelbar nach ihrem Erscheinen zum großen Kassenschlager (Schubert las sie noch am Sterbebett), aber das war nur ein blasser Vorgeschmack auf die Sturzflut von Kolportageromanen, die sich im letzten Viertel des 19. Jahrhunderts über die Leser ergoß.[2])

Die Faszination mit „Indianern" ist eine zutiefst europäische Angelegenheit – schließlich war auch die Idee von „den Indianern" ohne Rücksicht auf die Vielfalt der Kulturen des eingeborenen Amerika eine europäische Erfindung: Sie verweist letztlich auf eine Faszination mit sich selbst. „Indianer" dienten (und dienen) immer als Projektionsfläche spezifisch europäischer Wünsche und Ängste: Muster einer idealen Welt, Negation der bestehenden Werte, das „Andere", das „Fremde" abwechselnd in Engels- und Teufelsgestalt, Täter und Opfer in einer Person. „Indianer" hatten also wenig mit der Wirklichkeit zu tun, spielten aber bei der Bewertung der Wirklichkeit eine wichtige Rolle.[3])

Wenn Fürst Metternich sich in der Zeit des Vormärz vom österreichischen Konsul in New York regelmäßig über die Indianerpolitik der Vereinigten Staaten berichten ließ, so ging es ihm weniger um das Schicksal des „roten Mannes" als um die Bestätigung der Meinung, daß sich in der inhumanen Behandlung der Eingeborenen der demokratische Ungeist verkörpere.[4]) (Ähnlich versuchte in der jüngeren Vergangenheit die sowjetische Regierung die Behandlung der Indianer durch die USA gegen den amerikanischen Vorwurf sowjetischer Menschenrechtsverletzungen aufzurechnen.)

Auch Erzherzog Franz Ferdinand, der österreichische Thronfolger, ließ anläßlich seiner Weltreise 1892/93 an der amerikanischen Indianerpolitik kein gutes Haar; der Fortschritt in der Gesittung der Indianer sei in Kanada viel bedeutender als in den USA, „die in den letzten Decennien fast stets im kleinen Kriege mit den Rothäuten gelebt" hätten und wo „auch jetzt noch… das Glühfeuer der Empörung zeitweilig wieder" aufflackere. Überdies seien die Reservate in den USA „zumeist wertlose oder doch ärmliche und ungastliche Ländereien, deren Umfang überdies immer wieder eingeschränkt" werde.[5])

Ursprünglich beteiligte sich auch die katholische Kirche, die sich durch ein jahrhundertealtes Missionswerk den eingeborenen Völkern verbunden fühlte, an der konservativen Schelte der amerikanischen Indianerpolitik, zumal die junge Republik ihre Bedenken gegen die monarchisch regierte und vom fernen Rom aus gesteuerte Glaubensgemeinschaft oft genug in krasser Diskriminierung der Katholiken auslebte. Noch als im Rahmen der Friedenspolitik des Präsidenten Grant die Verwaltung der Reservationen unter den christlichen Konfessionen aufgeteilt wurde, fühlten sich die Katholiken schlechter behandelt als ihre protestantische Konkurrenz. Erst als die Missionen unbeschränkt wirken durften, bekehrten sich auch die Katholiken nach und nach zum amerikanischen Geschichtsbild.

Österreich war durch das 1828 gegründete Missionswerk der Leopoldinen-Stiftung nicht nur materiell und personell an der Bekehrungsarbeit beteiligt, sondern blieb durch einschlägige Veröffentlichungen stets (wenn auch einseitig) informiert. 1887 faßte zum Beispiel der aus der Schweiz stammende Bischof Martin Marty für die österreichischen Leser die Geschichte der ihm anvertrauten Lakota nicht ohne Kritik an den USA zusammen: „Umsonst vertheidigten", heißt es da unter anderem, „die tapferen Lakota ihre Vorrathskammer (i. e., die Bisonherden) gegen die habsüchtigen Langmesser (Amerikaner). Ueberzahl und Ueberlist haben die Eingeborenen des Landes zu Gefangenen gemacht. ... Auf acht verschiedenen Punkten ihrer ehemaligen Heimat und nunmehrigen Gefängnisses sind Forts errichtet, in denen mehrere Compagnien Soldaten die wehrlos gemachten Dakota bewachen." Die protestantische Mission sei gescheitert, meldete Marty, „die Kinder, die in diesen Schulen erzogen wurden, liefen entweder vor der Zeit weg, oder wenn sie lesen und schreiben lernten, so hatten sie damit noch keine sittlichen Tugenden gewonnen, weder Ordnungs- noch Arbeitsliebe sich angeeignet." Die 1883 beim Sonnentanz versammelten Oglala-Lakota antworteten hingegen Marty auf die Frage, ob sie dem katholischen Priester gehorchen wollten, „alle mit einem einstimmigen Hau, hau! (Ja, ja!)"[6])

Schon 1881 hatte der Wiener Theologe Hermann Zschokke den Bericht über seinen Aufenthalt auf der Standing Rock Reservation, wo die Katholiken schon einige Jahre tätig waren, mit dem folgenden euphorischen Erguß beschlossen: „Vor 5 Jahren noch hauste hier der wilde Indianer und jetzt, nach so kurzer Zeit sind bereits die Erfolge der Civilisation und Kultur so merklich sichtbar. Meine besten Segenswünsche sandte ich hinaus über die in Nachtdunkel gehüllten Fluren, auf daß recht bald der katholische Glaube mit all seinen Segnungen in die Orte und Herzen der Sioux-Indianer einkehren und sie zu nützlichen und thätigen Faktoren der neuen Welt umgestalten möge. Die Indianerfrage wird dann ihre schönste und edelste Lösung gefunden haben."[7])

Die Idee, daß die Europäer (nicht allein die Briten) den Indianern bessere Kolonialherren wären als die Amerikaner, spricht aus der Äußerung Königin Viktorias, als sie 1887 die mit Buffalo Bill erstmals nach Europa reisenden Indianer empfing: „Wenn ihr mir gehörtet, dann würde ich nicht erlauben, daß man euch in einer solchen Schaustellung herumführt." Ebenso schrieben deutsche Autoren die Modernisierung der amerikanischen Indianerpolitik gerne dem Einfluß des deutschbürtigen Innenministers Carl Schurz zu.[8]) Die konservativ-europäische Sicht der amerikanischen Geschichte war eben nicht sonderlich amerikafreundlich.

Wer die amerikanische Lesart der amerikanischen Geschichte noch nicht kannte, erhielt durch „Buffalo Bill, den Erzieher" (wie er im Programmheft bezeichnet wurde) die nötige Aufklärung. Das Programm von 1890 zitierte unter anderen „Empfehlungsschreiben von höheren Offizieren der Armee" auch einen Brief des Generals William Tecumseh Sherman, der trotz seines indianischen Mittelnamens nicht gerade als Indianerfreund in die Geschichte eingegangen ist:

> „Im Jahr 1865 gab es, soviel ich mich erinnere, ungefähr neun Millionen Büffel in den Prärien zwischen Missouri und den Schwarzen Bergen; alle sind verschwunden... Dieses Verschwinden würde ein Mord, ein Gemetzel scheinen, wenn diese wilden Thiere nicht durch die doppelte Anzahl von Hausthieren ersetzt worden wären.
> Zur selben Zeit lebten auch 165.000 Rothhäute, Pawnies, Sioux, Cheyennen, Kiowas und Apachen, die sich von Büffelfleisch nährten. Auch sie sind verschwunden. – Eine doppelt oder dreimal größere Anzahl weißer Männer haben ihre Stelle eingenommen, haben das rauhe Land wie einen Garten cultivirt, den man jetzt nach den Gesetzen der Natur abschätzen und regieren kann. Diese Veränderung war heilsam und geht ihrer Vollendung entgegen."[9])

In zwei Jahrzehnten hatte sich so eine Entwicklung vollendet, die trotz der unverhältnismäßig hohen Kosten des militärischen Einsatzes (eine geschätzte Million Dollar plus eigene Verluste je getötetem Indianer) als Ausdruck göttlicher Fügung betrachtet wurde. Gerade weil die Ausrottung der Bisonherden mehr zur Unterwerfung der eingeborenen Völker des amerikanischen Westens beigetragen hatte, als das Eingreifen der Armee, war Buffalo Bill ein geeignetes Symbol seiner Epoche. Ließ er nicht stolz verbreiten, er hätte als Fleischlieferant der Kansas & Pacific Eisenbahngesellschaft in 18 Monaten 4280 Bisons erlegt? (Daß letztlich die Stämme der Plains nur durch die europäischen Importe Pferd und Gewehr in die fatale Abhängigkeit vom Bison geraten waren, war damals niemandem bewußt, und fällt überdies in den Bereich der Überlegungen „Was wäre gewesen, wenn...?")

William Frederick Cody war im Jahr 1846 als Sohn eines Farmers in Iowa geboren worden, als die amerikanische Besitznahme der unermeßlich scheinenden Landstriche westlich des Mississippi bereits voll im Gang war.[10]) 1803 hatten die USA den Anspruch auf dieses riesige Gebiet von Napoleon erworben und damit die Chance auf ein enormes territoriales und wirtschaftliches Wachstum eröffnet, das Einwanderer aus Europa und aus den bereits dicht bevölkerten Bundesstaaten östlich des Mississippi anlockte. Hinderlich für die Expansion war die Tatsache, daß der Westen bereits von Dutzenden von eingeborenen Völkern besiedelt war, deren Ansprüche weniger leicht abzugelten waren als die Napoleons.[11]

Das Ziel der amerikanischen Indianerpolitik im 19. Jahrhundert mußte es sein, das Haupthindernis für den Drang nach Westen zu beseitigen. Um von der Bisonjagd leben zu können, benötigten die eingeborenen Völker viel Raum, der für weiße Farmer und Viehzüchter nur gewonnen werden konnte, wenn die Eingeborenen zu einer Änderung ihrer Lebensgewohnheiten zu bewegen waren. Die „Zivilisationspolitik" der Regierung, vielfach unterstützt von christlichen Missionaren, versuchte in erster Linie die Verwandlung der roten Reiterkrieger in brave Bauern herbeizuführen. Die Betroffenen von der Notwendigkeit dieser Veränderung zu überzeugen, war freilich nicht leicht und erforderte selbst im Idealfall mehr Zuwendung und Zeit, als es der wachsende Druck der westwärts drängenden Siedler zuließ. Dort, wo notwendigerweise die Interessen der weißen Pioniere mit denen der angestammten Bevölkerung in Konflikt gerieten, bevor die angestrebte Transformation der Indianer bewerkstelligt war (und das war so gut wie immer der Fall), sah sich die Regierung meist politisch genötigt, die Weißen zu schützen, auch wenn sie sich üblicherweise im Unrecht befanden. Im Klartext bedeutete das die militärische Unterwerfung der eingeborenen Völker. Aus dieser Situation entstand die Vorstellung von der historischen Notwendigkeit des Verschwindens der Indianer als Folge des Fortschritts der Zivilisation.

Der wachsende Gegensatz zwischen dem industrialisierten Norden und den Sklavenhalterstaaten des Südens stellte ein unvorhergesehenes Hemmnis für die Eroberung des Westens dar. Als die Familie Cody 1853 dem Bevölkerungsstrom nach Westen folgte und sich in Kansas niederließ, prallten gerade dort diese Gegensätze unvermittelt aufeinander. Und als 1857 Codys Vater, ein Abolitionist, an den Folgen einer Stichverletzung starb, die ihm von wütenden Anhängern der Sklaverei beigebracht worden war, avancierte der elfjährige William unvermutet zum Familienerhalter. Als Viehtreiber, Trapper, Reiter für den transkontinentalen Pony-Express und Kundschafter für die Armee bewegte er sich zwar meist nicht in der besten Gesellschaft, hatte aber als Zeitzeuge einiges zu erzählen.

An Erzählungen aus dem Westen war zunehmend das Publikum in den Städten des Ostens interessiert, vor allem als nach Ende des Bürgerkriegs die Armee wieder verstärkt die amerikanischen Interessen an der Indianergrenze wahren konnte. Es ist wohl ein Zufall, daß der erfolgreiche Groschenromanautor Ned Buntline 1869 auf der Suche nach Material für seine trivialen Werke gerade auf William Cody stieß und den Dreiundzwanzigjährigen als „Buffalo Bill" zum Helden seiner Romane machte. Daß andererseits William Cody, eine eher kleine Nummer in der Geschichte der Erschließung des Westens, als journalistisches Produkt „Buffalo Bill" zum lebenden Mythos, zur Verkörperung des amerikanischen Traums vom Aufstieg aus eigener Kraft und zum Symbol für den Pioniergeist des Westens wurde, war weniger zufällig. So wie „die Indianer" im Guten wie im Bösen den Weißen als Gegensatz dienten, an dem sie sich selbst messen konnten, so geriet „Buffalo Bill" zum Stereotyp einer Epoche der amerikanischen Geschichte.

Der unverschuldete Ruhm Buffalo Bills lockte binnen kurzer Zeit wohlhabende Städter aus dem Osten und Mitglieder des europäischen Adels an, die sich vom „König des Wilden Westens" auf die Jagd führen ließen. Im Gegenzug lud man Cody in die Salons von New York, wo seine ungehobelte Herzlichkeit allgemeines Entzücken hervorrief. Die totale Vermarktung des Produkts „Buffalo Bill" ließ nicht lange auf sich warten. 1872 begann Ned Buntline seinen Helden gemeinsam mit anderen Legenden, wie Wild Bill Hickok und Texas Jack, als Selbstdarsteller auf den Theaterbühnen zwischen Atlantik und Mississippi zu präsentieren. Daß weder Cody ein Schauspieler noch Buntline ein Dramatiker war (wie die Kritiker einhellig feststellten), tat dem Mythos keinen Abbruch. Es führte lediglich dazu, daß Buffalo Bill bald in die Hände fähigerer Manager kam.

Daß zu Codys Förderern auch zahlreiche hohe Militärs zählten, denen die Verbreitung der Mythen dienlicher war als kritische Reportagen über Kosten und Nutzen der Indianerkriege, liegt auf der Hand. Sein Ruhm im Osten trug daher auch zu seiner Karriere im Westen bei. Zwischen seinen Bühnenauftritten in den Städten eilte Buffalo Bill als Edel-Scout an die Indianerfront, um seine Rolle stets neu zu legitimieren und die einmal begonnene Legende fortzuspinnen.

Die militärische Auseinandersetzung mit den eingeborenen Völkern strebte mittlerweile ihrem Höhepunkt und Ende entgegen. Die Schlacht am Little Bighorn stellte den letzten Versuch der Eingeborenen dar, sich der Weißen mit kriegerischen Mitteln zu erwehren. Sie machte Custer, dessen Überheblichkeit wesentlichen Anteil an seinem Ende hatte, zum Volkshelden und veranlaßte die Armee zur schnellen Endlösung der Indianerfrage. Buffalo Bill, als Chefkundschafter der 5. Kavallerie nicht in die Schlacht selbst verwickelt, kehrte dennoch nicht ruhmlos aus der Kampagne dieses Sommers zurück. Bei einer Operation gegen eine Gruppe von Cheyenne, kurz nach Custers Niederlage, gelang es ihm, den Skalp des Cheyenne-Häuptlings Yellow Hand zu erbeuten – „den ersten Skalp für Custer", wie er durch die Presse verlauten ließ. Daß Yellow Hand in Wirklichkeit Yellow Hair hieß, daß er kein bedeutender Häuptling war, und daß der Skalp nicht am Ende eines heroischen Zweikampfs genommen wurde, war nicht weiter tragisch.[12] Dem Publikum war auch in diesem Fall der Mythos lieber als die Realität.

Mit der Unterwerfung der eingeborenen Völker wurde die Erschließung des Westens endgültig zur Geschichte, die in Buffalo Bills „Wild West"-Freiluftschau ab 1883 für den Volksgebrauch aufbereitet wurde. Über die Jahre hinweg entwickelte sich das Spektakel von der zirkusartigen Präsentation von Schieß-, Reit- und Anschleichkünsten zu einem „Drama der Zivilisation", komplett in zwei Stunden, mit Überfällen auf Emigrantenzüge und Postkutschen, Darstellungen der Lebensgebräuche der Indianer und Westmänner, einer Bisonjagd, der Dramatisierung der „Yellow-Hand"-Episode (ein „herrlicher Sieg über den Indianer-Uebermuth")[13] und anderem mehr. Den Indianern begegnete die Schau zwiespältig: einerseits sollten sie möglichst wild sein, um ihre Unterwerfung besser begründen zu können, andererseits waren es gute Verlierer, die die Überlegenheit der Zivilisation eingesehen hatten und nun zur Belehrung der Weißen ihre historische Rolle „weiterspielen" durften.[14] Ende gut, alles gut: „Seit 20 Jahren", bemerkte das Programmheft von 1906, „sind die Söhne der schrecklichen Rothäute bereit, dem alten Feinde ihrer Väter durch die zivilisierte Welt zu folgen… Die Erfahrungen, die sie bei ihren Reisen machten,… trugen zur Verbreitung des Friedens und der Zivilisation mehr bei, als einige hundert Mann Wachposten an der Grenze."[15]

Als Sieger vom Little Bighorn besaß Sitting Bull in den Augen der Weißen (in jüngerer Zeit auch „der Indianer") Autorität wie kein anderer Eingeborener; verständlich, daß sein Zeugnis allseits beschworen wurde. 1885 war es Buffalo Bills PR-Mann John Burke gelungen, den zögernden Hunkpapa-Medizinmann, der zwei Jahre zuvor schon einmal auf Tour in den Städten der Weißen gewesen war, für die Wild West Show anzuheuern – mit dem Versprechen übrigens, die treffsichere Annie Oakley („Annie, Get Your Gun") werde mit von der Partie sein. Neben einem Wochenlohn von 50 Dollar erhielt Sitting Bull über eigenen Wunsch das Recht, sein fotografisches Abbild auf eigene Rechnung verkaufen zu dürfen. Sein Wert für Buffalo Bill war freilich weit größer. Obwohl Sitting Bull nur diese eine Saison für Wild West tätig war, schmückte sein Bild auch die Plakate, die Oberst Cody 1887 in London affichieren ließ. Noch Jahre später betitelte Buffalo Bills Programmheft David Notmans Doppelporträt der Bannerträger der roten und weißen Rasse: „Feinde im Jahr 1876, Freunde im Jahr 1885."[16]

Auch Europa reklamierte Sitting Bull für sich. Schon 1882 schloß der Amerika-Korrespondent der „Gartenlaube", Rudolf Cronau, der mehr als 50 Jahre später in den USA im Glauben an Adolf Hitlers Friedensliebe starb, mit dem damals in Fort Randall internierten „rothen Napoleon" eine Art Völkerfreundschaft. „Du wirst gehen", sprach der Sohn der Wildnis zum deutschen Brillenträger „Eisenauge", „und wir sind traurig, daß wir Dich niemals wiedersehen werden… Eisenauge, kehre zurück – und Du wirst uns immer als Freunde finden." Dem Deutschen „war das Herz schwerer, als hätte ich Brüder verlassen".[17]

Achtzig Jahre später behauptete eine ältere Dame in Dänemark gar, die Enkelin Sitting Bulls zu sein. Ihre Großmutter, eine Irin, hätte mit dem prominenten Hunkpapa eine stürmische Affäre gehabt, als er mit Buffalo Bill in London weilte – was er freilich nie tat. Wer immer der Großvater war, oder ob sich die Großmutter aufgrund des Plakats an den Hunkpapa erinnerte: Sitting Bull machte es möglich.[18]

Liebesgeschichten und Heiratssachen zwischen den eingeborenen Mitgliedern von Wild West oder ähnlichen Truppen und europäischen Frauen waren nicht unüblich. Sie stellen auch einen interessanten Unterschied zu den Verhältnissen in den USA dar, wo wenigstens in der stereotypen Vorstellung bei allfälligen Verbindungen zwischen den Rassen es immer weiße Männer und „indianische Prinzessinnen" waren. Nach einer Familientradition soll im Gegenzug der Lakota Standing Bear senior, der 1890 mit Buffalo Bill in Europa unterwegs war, eine Wiener Krankenschwester als Ehefrau in sein Haus auf der Pine Ridge Reservation mitgenommen haben.

Die deutsch-indianische Freundschaft, oder was den Deutschen als solche erschien, war nicht immer frei von antiamerikanischen Regungen. Auch auf Buffalo Bill fiel 1890 nach seiner Abreise aus Wien in Deutschland der Schatten deutscher Indianerliebe. In der Öffentlichkeit waren Stimmen laut geworden, die von einer schlechten Behandlung der Indianer in der Schau sprachen. Die angesichts der durchwegs positiven Äußerungen der eingeborenen Akteure über ihren Dienstgeber wenig glaubwürdigen Gerüchte verraten sicher mehr über eine verbreitete pro-indianische Stimmung, als über besondere Mißstände.

Die Klagen der Presse erreichten schließlich Washington, wo sich nach Rückkehr der Truppe im Herbst 1890 John Burke beim Indianerbüro um eine Klärung der Vorwürfe bemühte. Cody selbst hingegen wurde in einer wesentlich ernsteren Angelegenheit nach dem Westen gerufen. Die Geistertanzbewegung, eine messianistische Erweckungsreligion der Plains-Völker, strebte ihrem Höhepunkt entgegen und sorgte für erhebliche Unruhe bei Militärs und Bürokraten, die nicht glauben wollten, daß sich der Widerstand gegen die Weißen auf ekstatische Tänze und Gebete beschränken würde. Da Sitting Bull allgemein als Schlüsselfigur der Bewegung angesehen wurde, hielt es General Miles für angebracht, Buffalo Bill um Vermittlung zu ersuchen. James McLaughlin, den Indianeragenten der Standing Rock Reservation, muß es arg gekränkt haben, daß ein Außenseiter, noch dazu ein Showman, in seine Zuständigkeiten eingriff. Er verhinderte Codys Zusammentreffen mit Sitting Bull und damit einen möglicherweise anderen Verlauf der Geschichte.[19])

Am 18. Dezember 1890, nachdem Sitting Bull im Zuge des Versuchs, ihn zu verhaften, von Indianerpolizisten erschossen worden war, fand man an einer um den Hals des alten Manns hängenden Sehnenschnur das Foto eines jungen, bebrillten Weißen aufgefädelt. Auf der leicht blutbefleckten Hinterseite war deutlich die Widmung zu lesen: „To his friend Tatanka-iyotanka (Sitting Bull) Rudolf Cronau, Artist & Correspondent of the ‚Gartenlaube' Leipzig, Germany."[20])

Zum Zeitpunkt der Tragödie von Wounded Knee war Buffalo Bill bereits auf seine Ranch in Nebraska zurückgekehrt. Von hier wurde Cody zu seinem letzten Auftrag im Dienst der Regierung ins Indianerland gerufen, wo General Miles in Pine Ridge bereits die neunzehn „Rädelsführer" des Geistertanzes bei den Lakota dingfest gemacht hatte: Short Bull und sein Schwager Kicking Bear waren ebenso dabei wie High Hawk und Crow Dog. Gemeinsam mit angereisten Journalisten, Oberst Cody, seinem ehemaligen Angestellten American Horse (der gemeinsam mit Young-Man-Afraid-of-His-Horses als Friedensstifter tätig gewesen war) und dem eben erst aus Europa zurückgekehrten Rocky Bear ließen sich die Geiseln im Jänner 1891 fotografieren. Die in Pine Ridge gemachten Fotos nahmen die Entscheidung vorweg, die das Indianerbüro im März traf. Statt die Geiseln unweit von Chicago in Fort Sheridan (benannt nach jenem General, der mit dem Satz zitiert wird: „Der einzige gute Indianer den ich kenne, ist ein toter Indianer") festzuhalten, bestrafte man die Geistertänzer, indem man sie Buffalo Bill nach Europa mitgab.

Weder Geistertanz noch Wounded Knee eigneten sich so recht als Programmpunkte von Buffalo Bills Wild West. Andererseits ließ John Burkes Gespür für Medienwirksamkeit nicht zu, diese Reminiszenzen der jüngsten Geschichte nicht unmittelbar zu vermarkten. Da die amerikanischen Medien die Geistertanzbewegung als „Messiaswahn" (Messiah craze) bezeichnet hatten, nützte Burke 1891 den Aufenthalt von Wild West in Antwerpen, um Short Bull das Rubenssche Gemälde „Der Wahnsinn des Messias" zu zeigen. In Burkes Werbeprosa las sich das Ereignis dann wie folgt: „Dieser Mann, der sich noch zwei Monate früher in den unbewohnten und verödeten Gebieten von Dakota befand, sah sich wie durch ein Wunder in die alte ehrwürdige Stadt Antwerpen versetzt, wo er unverwandt die Leinwand des großen Meisters betrachtete, welche sozusagen die Illustration seines Traumes ‚Der Messias' war." Sosehr Short Bull, der sich in der Folge auch selbst als Maler betätigte, vom Werk seines flämischen Kollegen beeindruckt gewesen sein mag – gerne wüßte man darüber Näheres –, sowenig dürfte ihm dabei die Assoziation mit Wovoka, dem Paiute-Propheten gekommen sein, den er selbst besucht und dessen Lehren er verbreitet hatte: Dem Nicht-Christen Short Bull war die Idee des „Messias" gänzlich fremd. Es spricht für das Klima von Versöhnung und Koexistenz in Buffalo Bills Schau, daß Short Bull ohne Zwang wenigstens bis 1894 bei Cody blieb und nach 1913 an einem Film mitwirkte, den Buffalo Bill über die gemeinsame Geschichte seines Lebens und des amerikanischen Westens, einschließlich Little Bighorn und Wounded Knee, auf der Pine Ridge Reservation drehen ließ.[21])

Ein anderer Lakota, der an diesem vier Jahre vor Codys Tod mit großem Aufwand produzierten Film mitwirkte, war Iron Tail, der auf Buffalo Bills letzter Europareise 1906 auch Wien besuchte. Seitdem Iron Tails Profil 1905 auf der Vorderseite der amerikanischen Fünf Cent-Münze erschienen war, galt er als „einziger Indianer, den Amerika jemals liebte", und war dementsprechend populär. Dem Wiener Bildhauer Anselm Zinsler, der den Häuptling in einer Büste verewigte, war der Name wohl nicht so geläufig – jedenfalls ziert der Zinslers Ohren vielleicht geläufigere Name „Aron Sail" das Kunstwerk. (Eine zweite Büste, ein Kind darstellend, ist als „Behaska" bezeichnet; wenn nicht ebenfalls ein Irrtum, so trug das Kind den Namen, den die Lakota ursprünglich für General Custer geprägt hatten, und den auch Buffalo Bill für sich reklamierte: „Langhaar".)[22])

Auf der Hinterseite des Fünf Cent-Stücks war sinnigerweise ein Bison abgebildet. Das Thema verschwindende Völker, verschwindende Tiere, verschwindende Vergangenheit dominierte auch Buffalo Bills Abschiedsvorstellungen. „Es ist das letzte Mal, daß Rothäute in Wien gezeigt werden", mahnte eine Einschaltung in der Reichspost zur Eile, „… von denen in ganz

Amerika derzeit höchstens 25.000 leben, während zur Zeit der Entdeckung Amerikas Millionen Indianer existierten." Es sei dies wohl die letzte Gelegenheit, „die verschiedensten Völker in ihrer Nationalkleidung zu sehen, ehe sie ganz ausgestorben sein werden, und nur mehr der Geschichte angehören", betonte auch das offizielle Programmheft.[23]

Die nun tatsächlich nicht eingetretene Voraussage eines Aussterbens „der Indianer" schien um 1900 bei stets sinkenden Bevölkerungszahlen naheliegend. Wahrscheinlich mehr als jeder andere im deutschsprachigen Raum hatte Karl May zur Verbreitung dieser Meinung beigetragen, dessen meist jugendliche Leser nun Buffalo Bills Indianer zujubelten. Wenn aber das Neue Wiener Tagblatt meinte, Oberst Cody präsentiere sich „wie eine Figur aus den wunderbaren Präriegeschichten Karl Mays",[24] so herrscht wohl eine Verwechslung von Wirkung und Ursache vor. Den Durchbruch zum Erfolgsschriftsteller schaffte May, dessen Indianer-Werk im Jahr der Schlacht am Little Bighorn begann, erst um 1890 – „Winnetou" zum Beispiel erschien in Buchform 1893. Zu diesem Zeitpunkt begann May auch sein Bild in der Öffentlichkeit zu stilisieren: von 1896 datieren die Fotos, die den Schriftsteller „Dr. Karl May" als Old Shatterhand zeigen, und die frappierend Abbildungen Buffalo Bills ähneln.[25]

May mag Buffalo Bills Wild West bereits 1890 in Dresden gesehen haben, aber erst 1906 war er prominent genug, um von Cody persönlich empfangen zu werden. Vor der Vorstellung besuchten Karl und Klara May mit ihrem Gastgeber die Indianerzelte, wobei es laut Klaras Bericht Karl schwer fiel, „seine Abneigung gegen den Feind der roten Rasse zu verbergen". Mit einigen Eingeborenen unterhielt sich May „längere Zeit in ihrer Muttersprache" (oder was Klara dafür hielt – schließlich war ihr Mann bis dato noch nicht jenseits des Atlantik gewesen), bis Cody dem Autor lachend auf die Schultern klopfte und sagte: „Sie sind ein Idealist, mein Lieber; nur das Recht des Stärkeren und Schlaueren gilt." Klara May erschien es, als veränderte sich daraufhin der Gesichtsausdruck des roten Mannes, „und Haß schien in seinen schönen dunklen Augen aufzuflammen".[26] Geschrieben war dies freilich nicht nur nach Mays Tod, sondern knapp nach Eintritt der USA in den Ersten Weltkrieg als Deutschlands Gegner: So hatten doch Indianer und Deutsche einen gemeinsamen Feind.

Der Abschied vom Wilden Westen war 1906 eigentlich schon überfällig. Zwar versprach man noch in Anzeigen, alle Teilnehmer hätten „an den früheren blutigen Kämpfen teilgenommen", tatsächlich befanden sich unter den Indianern aber bereits etliche, die jahrelang die Internatsschule von Carlisle besucht hatten, und sich am Parkett der Gesellschaft so sicher bewegten wie auf der weiten Prärie.[27]

Noch wurde die Bildungsaufgabe der Schau groß geschrieben – auch wenn die Presse offenbar unbelehrt blieb, wenn sie im Zusammenhang mit der Schlacht am Little Bighorn vom „Heldentod des amerikanischen Freiheitskämpfers" General Custer schrieb.[24] Daneben paßte man sich bereits merklich dem Publikumsgeschmack an: Waren 1890 die Zelte der Indianer für Besucher noch verschlossen geblieben („Gewiß gibt es auch bei den Indianern einen Grundsatz…, der an das englische ‚my house is my castle' anklingt" vermutete das Fremdenblatt), galten 1906 die Indianerzelte „in ethnographischer Hinsicht am bemerkenswertesten". Da nahm man es schon in Kauf, daß einen die „Bewohner nicht sehr freundlich ansehen und augenscheinlich über die Störung durch Neugier sehr ungehalten sind". In einem Extrapavillon stellte Buffalo Bill „seine große Sammlung menschlicher Curiositäten" aus, darunter eine Schlangenbändigerin, einen afrikanischen Riesenneger und einen Mann mit einer vollkommen blauen Körperhaut. War dies die im Programmheft versprochene „Schule für Anthropologie"?[29]

Ausgeprägte Unterschiede in der Bewertung der Aufführungen offenbaren die Berichte der Wiener Zeitungen. Vielleicht ist es kein Zufall, daß die christlich-soziale Reichspost die Indianer nur am Rande erwähnt und nebst Berichten über Besuche des Hochadels besonders die Reiterkunststücke und die „Schützenkunst des Obersten Cody" hervorhob,[30] während die Arbeiter-Zeitung sich ausführlichst den Indianern zuwandte. Nicht ohne Sympathie berichtete das sozialistische Zentralorgan, die mit Buffalo Bill gekommenen Sioux zählten zu den wenigen Indianervölkern, „die sich bis heute noch der europäischen Zivilisation gegenüber ablehnend verhielten und gelegentlich auch noch einen kleinen Putsch wagen".[31] Andererseits erkannte die Arbeiter-Zeitung, daß es sich bei der angesichts der „Wildwestreiter" vor Entzücken rasenden Straßenjugend um mögliche Wähler von morgen handeln könnte: „Ach, sie werden später einmal noch rechtzeitig darauf kommen…, daß es sogar Helden gibt mitten im unblutigen Getriebe der Großstadt, deren Schrecknisse oft größer sind, als die, welche den kühnen Pionier im wildesten Westen umlauern."[32]

ANMERKUNGEN

1 Johanna Riegler, „Tame Europe" and the „Mysteries of Wild America": Viennese Press Coverage of American Indian Shows, 1886–1898. European Review of Native American Studies 2(1), 17–20. 1988. Wienerisches Diarium, 20. Mai 1722, 4r.
2 G. Purmann, Sitten und Meinungen der Wilden in Amerika. 4 Bände. Wien: F. A. Schrämbl 1790. Christian F. Feest, Indians in Non-English Literature. Handbook of North American Indians 4 (Indian-White Relations). Washington 1989, S. 582–586.
3 Vgl. Christian F. Feest (ed.), Indians and Europe. An Interdisciplinary Collection of Essays. Aachen: Rader 1987.
4 Sylvia S. Kasprycki, „Diese unglücklichen Geschöpfe". Briefe des Freiherrn von Lederer an Metternich, 1825–1836. Wiener Ethnohistorische Blätter (33) 1988, S. 31–48.
5 Franz Ferdinand von Österreich-Este, Tagebuch meiner Reise um die Erde 1892–1893. Wien: A. Hölder 1896, S. 458.
6 Bericht des hochwürdigsten Herrn Bischofs M. Marty, O.S.B., apostolischen Vicars von Dakota. Berichte der Leopoldinen-Stiftung 1887: 3–13. S. 6, 8–9, 12.
7 Hermann Zschokke, Nach Nordamerika und Canada. Schilderungen von Land und Leuten. Würzburg: Woerl 1881, S. 624.
8 John Neihardt (Hrsg.): Schwarzer Hirsch: Ich rufe mein Volk! München 1962, S. 148. Rudolf Cronau, Im Lande der Sioux. Leipzig 1886, S. 86., 106.
9 John M. Burke, Buffalo Bill's Wild West. Wien: W. F. Cody 1890, S. 26; Buffalo Bill's Wild West. O.O. 1906, S. 28.
10 Zu Cody vgl. Joseph G. Rosa und Robin May, Buffalo Bill and his Wild West. A Pictorial Biography. Lawrence: University of Kansas Press 1989. Nellie Snyder Yost, Buffalo Bill. His Family, Friends, Fame, Failures and Fortunes. Chicago: The Swallow Press 1979. John Burke, Buffalo Bill. The Noblest Whiteskin. London: Cassell 1974. Don Russell, The Lives and Legends of Buffalo Bill. Norman: University of Oklahoma Press 1960.
11 Vgl. Wilcomb E. Washburn (ed.), Indian-White Relations. Handbook of North American Indians 4. Washington: Smithsonian Press 1988; Christian F. Feest, Das rote Amerika. Wien: Europa Verlag 1976.
12 Vgl. Yost, Buffalo Bill, S. 84–95.
13 Burke, Buffalo Bill (1890) S. 31.
14 „Am interessantesten sind da die ‚Wigwams' der Indianer und das bunte Gewimmel der Rothäute, die da so lange bis das Hornsignal ihnen befiehlt, den ‚wilden Mann' zu spielen, recht idyllisch und friedsam herumtummeln." (Arbeiter-Zeitung 145, 27. Mai 1906 S. 6).
15 Burke, Buffalo Bill (1906), S. 31.
16 Burke, Buffalo Bill (1906), S. 20. Jack Rennert, Buffalo Bill's Wild West. 100 Plakate. Berlin: Rembrandt-Verlag, S. 31 bzw. Burke, Buffalo Bill (1974), S. 157–159.
17 Cronau, Im Lande der Sioux, S. 79; Cronau, Im wilden Westen. Braunschweig 1890, S. 105. Das Titelbild von „Im wilden Westen" schmückt etwas unerwartet ein Bild von Buffalo Bill, dessen Auftreten im Buch selbst reichlich unmotiviert ist; zweifellos wollte Cronau an Buffalo Bills Tour durch Deutschland von 1890 mitverdienen. Auch „Im Lande der Sioux" war anläßlich der Tour von Harveys „Sitting Bull Indianern" erschienen.
18 Nancy O. Lurie, persönliche Mitteilung, 1983.
19 Vgl. James Mooney, The Ghost-Dance Religion and the Sioux Outbreak of 1890. (1896) Chicago: The University of Chicago Press 1965.
20 Ruth Keller und Hans Lohausen, Rudolf Cronau, Journalist und Künstler 1855–1939. Solingen: Bergischer Geschichtsverein 1989.
21 Burke, Buffalo Bill (1906), S. 70; Wilhelm Wildhage, Material on Short Bull. European Review of Native American Studies 4(1), 35–42.
22 Der Entwurf für die Münze stammte von James Earle Fraser, dessen Skulptur „The End of the Trail" symbolhaft den Untergang der Indianer darstellte: Rosa und May, Buffalo Bill, S. 166; Burton Benedict (ed.), The Anthropology of World's Fairs. London–Berkeley: Scolar Press 1983. S. 120–121. Vgl. Rennert, Buffalo Bill's Wild West, S. 98; Objekte im Museum für Völkerkunde, Wien, Inv. Nrn. 87.422–87.423.

23 Reichspost 124, 1. Juni 1906, S. 3; Burke, Buffalo Bill (1906), S. 1.
24 Neues Wiener Tagblatt 144, 26. Mai 1906, S. 11.
25 Vgl. Christian Heermann, Der Mann, der Old Shatterhand war. Eine Karl-May-Biographie. Berlin: Verlag der Nation 1988, S. 246–257, besonders aber Schutzumschlag, vgl. das Titelbild von Cronaus „Im wilden Westen". Codys Titel „Colonel" war die längste Zeit ebenso angemaßt wie das Doktorat Mays. Als Kundschafter bezog er lediglich den Lohn eines Obersten. Erst vor der Abreise nach England wurde Cody noch schnell zum Obersten der Miliz von Nebraska gemacht, um sich fortan furchtlos mit militärischen Ehren schmücken zu können.
26 Klara May, Old Shatterhand und Sitting Bull. Jahrbuch der Karl-May-Gesellschaft. Breslau 1918, S. 201–205.
27 Neues Wiener Tagblatt 141, 23. Mai 1906.
28 Illustriertes Wiener Extrablatt 145, 27. Mai 1906, S. 5.
29 Fremdenblatt 127, 9. Mai 1890, S. 5. Illustriertes Wiener Extrablatt 145, 27. Mai 1906, S. 5; Burke, Buffalo Bill (1906), 40. Amerikanische Medien hatten Buffalo Bill immer wieder bescheinigt, das „größte ethnologische Ereignis in der Geschichte der Welt", die „echteste ethnologische Ausstellung" oder Ähnliches zu sein. Robert W. Rydell, All the World's a Fair. Chicago: The University of Chicago Press 1984, S. 96–97 u. 120–121.
30 Reichspost, 120, 27. Mai 1906, S. 5; 121, 29. Mai 1906, S. 4; 128, 7. Juni 1906, S. 4.
31 Arbeiter-Zeitung 145, 27. Mai 1906, S. 6. Die Zivilisationsfeindlichkeit der Lakota war relativ. Schon 1890 hatten sich die Wiener Zeitungen über die farbigen Oxford-Hemden mokiert, die die Oglala zur Gesichtsbemalung trugen (vgl. Riegler, „Tame Europe", S. 19).
32 Arbeiter-Zeitung 144, 26. Mai 1906, S. 6.

Neues Wiener Tagblatt.

Demokratisches Organ.

Samstag, den 26. Mai 1906.

40. Jahrgang.

Nr. 144.

...no, statt. Die am Dienstag ... wiene Probeaufführung nahm einen überaus gelungenen Verlauf.

* **(Buffalo Bill in Wien.)** Oberst W. F. Cody, bekannter unter dem Namen „Buffalo Bill", ist gestern nachmittags mit seiner Truppe „Wildwest" in Wien eingetroffen. Der Ruf der Schaustellungen Buffalo Bills ist ein weitverbreiteter, und da die jetzige Tournee des Obersten seine letzte ist — er will sich im Herbst dieses Jahres in Amerika als Privatmann niederlassen — ist es begreiflich, daß zur Ankunft der Truppe am Franz Josefsbahnhofe sich eine zahlreiche Menschenmenge eingefunden hatte. Unter den Anwesenden sah man auch kaiserlichen Rat Thomas, den bekannten Meisterschützen, der als alter Freund zum Empfange des Obersten Cody am Bahnhofe erschienen war und hier in liebenswürdiger Weise den Dolmetsch machte. Die Reise der Truppe mit allen Fahrnissen erfolgte in drei Sonderzügen, die zusammen fünfzig Waggons zählten. Jeder der Waggons, die eigens für den Transport der Schaustellung bestimmt und Eigentum des Obersten Cody sind, hat eine Länge von fünfzehn Meter. Um 3 Uhr 38 Min. Nachmittags fuhr der erste Train auf dem Frachtenbahnhof der Franz Josefbahn ein. Er brachte eine große Anzahl von Wagen, die als Küchen-, Lasten-, Wasserwagen ꝛc. dienen sollen, ferner mehrere Waggons mit Zugpferden. Sehr interessant gestaltete sich die Auswaggonierung. Zuerst wurden die Pferde, die vollständig geschirrt waren, aus ihren rollenden Stallungen herausgelassen. Dann machte sich das Begleitungspersonal daran, die Wagen von den Lowries herunterzubringen. In kaum einer halben Stunde waren sämtliche Waggons leer und deren Fracht stand rangiert ... Mastbäumen ... und Mauleseln. Mit ...rain kamen die Cowboys, Indianer ... und Japaner, die geschäftig die Auswaggonierung ihrer Reitpferde besorgten. Diesem Zuge entstieg auch der Führer all dieser Menschen, der berühmte „Buffalo Bill", Colonel Cody. Wie eine Figur aus den wunderbaren Prairiegeschichten Karl Mays repräsentiert sich der Colonel. Lang, hager und sehnig, verriet er in jeder Bewegung den kühnen amerikanischen Jäger. Der Cowboyhut, der sein mähniges Haupt bedeckte, hob das markante Gesicht noch mehr hervor. Als braver Amerikaner trägt Cody selbstverständlich einen Knebelbart à la „Uncle Sam". Sein alter Freund kaiserlicher Rat Thomas eilte dem Colonel entgegen, der höchst erfreut über das Wiedersehen, kaiserlichen Rat Thomas stürmisch umarmte. Dann aber wendete er sich zu seinen Leuten, traf noch Anordnungen und nun begann sich der Zug zum Marsch in den Prater zu rangieren. An der Spitze fuhren die 59 Wagen der Truppe, von denen jeder mit vier bis acht Pferden bespannt war. Die Dächer der Wagen wurden von dem Begleitpersonal der Truppe bestiegen. Dann kamen die Cowboys unter der Führung Ty Comptons, ihres Chefs, dann die Indianer in ihren bizarren Kostümen, geführt von ihrem Häuptling „Kicking Bear", das heißt „der mit den Hinterfüßen ausschlagende Bär", und die übrigen Mitglieder. Der Zug bewegte sich über den Althanplatz zur Brigittabrücke, dann durch die Augartenstraße und Kaiser Josefstraße zum Praterstern und durch die Ausstellungsstraße zum Westportal der Rotunde, wo sich der Lagerplatz der Truppe befindet. Dieser bedeckt die ganze Fläche, die sonst bei Ausstellungen zu Gartenzwecken benützt wird. In der Mitte des Platzes ist eine Arena, die ungefähr 12,000 Personen faßt, aufgestellt, in der die Vorstellungen stattfinden werden. Insgesamt kamen 800 Menschen und ungefähr 500 Pferde an. Die erste Vorstellung wird heute um 3 Uhr Nachmittags abgehalten.

SITTING BULL UND SEINE UNTERSCHRIFT
Dies ist wahrscheinlich die erste Photographie des berühmten Hunkpapa, aufgenommen am 1. August 1881.
Photographie O. S. Goff zugeschrieben. (Harbaugh Collection)

DIE SHOW VOM WILDEN WESTEN

EIN SCHAUKAMPF FÜR DEN PHOTOGRAPHEN
Photographie von C. G. Morledge, 1891.

RED CLOUD UND MAJOR BURKE
Der Manager der Buffalo Wild West Show und der erblindende Red Cloud auf der Agentur.
Photographie von C. G. Morledge, Februar 1891.

DIE TRUPPE DER WILD WEST SHOW 1891
Ein Teil der Truppe vor der Abreise. Die Wild West Show reiste mit ca. 100 Lakota nach Deutschland, England und Belgien. Teilnehmer waren u. a. auch die „feindlichen" Anführer der Geistertanzbewegung wie Short Bull und Kicking Bear. Photographie von C. G. Morledge, im Februar 1891, Pine Ridge Agentur.

ANNIE RED SHIRT IN GALAKLEIDUNG
bei der „Trans-Mississippian and International Exposition" in Omaha, Nebraska.
Photographie von Frank A. Rinehart, 1898, Museum für Völkerkunde Wien,

RED CLOUD, BUFFALO BILL UND AMERICAN HORSE
während der Aufführungen im Madison Square Garden, New York.
Photographie von D. F. Barry, N. Y. 1897.

EINE TRUPPE DER BUFFALO BILLS WILD WEST SHOW
Die Aufnahme wurde während der Aufführungen im Madison Square Garden gemacht und zeigt u. a. Red Cloud und die Kunstschützin Annie Oakley.
Photographie von D. F. Barry, 1897, New York City.

JOHN SITTING BULL JR.
Der 39jährige taubstumme Sohn des legendären Medizinmannes, Teilnehmer der Wild West Show und des Sells Floto Circus.
Photographie von D. F. Barry, Superior, 1926.

Teton, Lakota, Sioux

Das Wort „Sioux" ist die französisch geschriebene Endung der Bezeichnung der Ojibwa im Gebiet der Großen Seen Nordamerikas für ihre westlichen Nachbarn: *na·towe·ssiwak*, „Sprecher einer fremden Sprache", wurde zu Nadowessioux (bei Friedrich Schiller „Nadowessier") und letztlich zu „Sioux".

Im weitesten und eindeutigsten Sinn bezeichnet „Sioux" die Mitglieder einer ausgedehnten Sprachfamilie, die sich zwischen dem atlantischen Küstenland North und South Carolinas und dem oberen Missouri ausgebreitet hatte, und zu denen zum Beispiel die Crow, Omaha, Osage und Winnebago zählen. Vor allem in der historischen und älteren völkerkundlichen Literatur steht „Sioux" auch für eine Gruppe von sioux-sprachigen Völkern, die am Beginn der historischen Epoche noch eine politische Einheit gebildet hatten: Die *Oceti Sakowin* oder „Sieben Ratsfeuer" bestanden aus sieben Gruppen in drei Abteilungen, die zugleich den drei Hauptdialekten der Sprache entsprachen. Im Osten des Siedlungsgebietes lebten die vier Santee-Stämme (Sisseton, Wahpeton, Wahpekute, Mdewakanton), Sprecher des „Dakota"; im Norden die zwei Yankton-Stämme (Yankton, Yanktonai), Sprecher des „Nakota"; und im Westen die Teton, Sprecher des „Lakota". Die Tetons bestanden ihrerseits aus sieben Untergruppen, die sich erst in jüngerer Zeit verselbständigten: die Oglala (heute Bewohner der Pine Ridge Reservation), Sicangu (oder Brulé, Bewohner der Rosebud Reservation), Hunkpapa, Sihasapa, Itazipco (oder Sans Arc), Oohenonpa (oder Two Kettles), und Minneconjou; letztere Gruppen verteilen sich auf die Reservationen von Standing Rock, Lower Brulé und Cheyenne River. Alle diese Gruppen bestanden ihrerseits aus kleineren Unterabteilungen. In der Vergangenheit wurde in der Völkerkunde oft die Bezeichnung „Dakota" (das heißt „Verbündete") synonym mit *Oceti Sakowin* gebraucht.

Sprachverwandtschaft sagt nichts über Freundschaft und politische Allianzen aus. So waren die Lakota etwa mit den sioux-sprachigen Crow verfeindet, während die mit ihnen verbündeten Cheyenne und Arapaho (ebenso wie die mit ihnen verfeindeten Ojibwa) zur Sprachfamilie der Algonquian zählten.

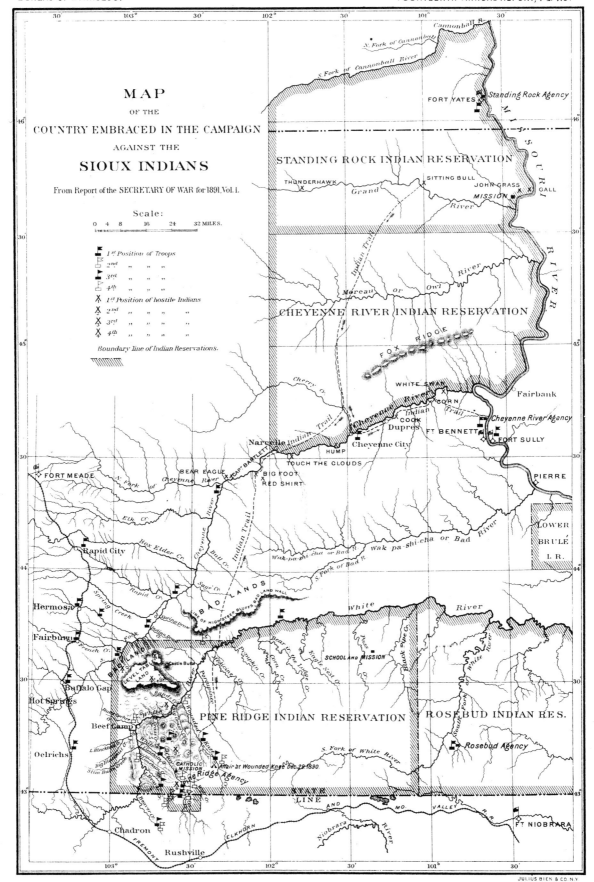

Historischer Abriß

1824　　　Gründung des „Indian Office" im Kriegsministerium.

1825　　　Erster bilateraler Vertrag zwischen der US-Regierung und den Lakota. Sie weisen heute darauf hin, daß dieser ihre nationale Souveränität begründet.

1842–59　Öffnung des „Oregon Trails". 1849 übernimmt das Innenministerium alle Indianerangelegenheiten und das „Bureau of Indian Affairs" (BIA) entsteht. In Kalifornien wird Gold entdeckt.

1851　　　Im Februar stellt der Kongreß 100.000 Dollar für Vertragsverhandlungen zur Verfügung. Im Herbst findet eine Friedensverhandlung mit Vertretern der Sioux, Cheyenne, Arapaho, Crow, Assiniboine, Arikara, Mandan und Gros-Ventre über den Bau von Straßen und Forts in deren Gebieten statt. Der am 17. September unterzeichnete Vertrag bezeichnet die indianischen Vertragspartner als Nationen, definiert ihre Territorien, beinhaltet jedoch keine Landabtretungen. In den folgenden Jahren wird dieser Vertrag immer wieder gebrochen, da neue Forts, Poststationen, der Pony-Express, der Goldrausch am Pike's Peak (1858) und die Gründung von Denver (1859) neue Goldsucher und Siedler ins Land bringen.

1861　　　Der Bundesstaat Colorado wird US-Territorium. Black Kettle, White Antelope und Lean Bear von den Cheyenne sowie Little Raven, Storm und Big Mouth von den Arapaho stimmen in Fort Wise einer Umsiedlung in das Gebiet am Sand Creek und am Arkansasfluß bei Fort Lyon zu. Das Abkommen wird nicht von allen Anführern unterzeichnet.

1862　　　Der Aufstand der Santee-Dakota unter Little Crow in Minnesota wird von General Henry H. Sibley niedergeschlagen. Von den Überlebenden werden 38 gehängt, die Todesstrafen vieler anderer in Gefängnisstrafen umgewandelt.

　　　　　Das Gesetz „Homestead Act" wird verabschiedet und fördert die Besetzung indianischen Landes durch Siedler. Jedes Oberhaupt einer Familie über 21 Jahre, der Bürger der USA ist und fünf Jahre lang ein Stück Land urbar gemacht hatte, erhielt ein Viertel dieses Landes geschenkt, weitere 160 Morgen (ca. 64 Hektar) konnten um 1.25 Dollar pro Morgen erworben werden.

1864　　　Der „Bozeman Trail", eine kürzere Route zu den neuentdeckten Goldfeldern in Montana, wird eröffnet. General Alfred Sully zerstört ein großes Lager der Hunkpapa-Lakota in Nord-Dakota. Colonel John M. Chivington und freiwillige Milizeinheiten aus Colorado zerstören das friedliche Cheyenne-Dorf von Black Kettle am Sand Creek.

1865   Verschiedene Friedensverträge, die die territorialen Land- und Jagdrechte von den Black Hills bis zu den Bighorn Mountains sowie im Gebiet des Yellowstone und des Powder River sichern sollen, werden zwischen einzelnen Gruppen der Lakota, Cheyenne, Arapaho und Vertretern der US-Regierung unterzeichnet. Die Friedenskommissionen übersehen dabei immer wieder, daß nur einzelne Politiker der indianischen Lokalgruppen die Verträge unterzeichnen. Nach Rechtsauffassung der Lakota sind diese Verträge daher nicht für alle Lakota bindend. Das Interesse der Bundesregierung an den Goldfeldern sowie der öffentliche Druck auf militärische Sicherung des Landes werden nach dem Bürgerkrieg (1861–65) immer größer.

1866   Zum Schutz des „Bozeman Trails" werden von Col. Henry B. Carrington, die Forts Phil Kearny und C. F. Smith errichtet. Der Oglala Red Cloud verteidigt gemeinsam mit Crazy Horse, Black Shield (Minneconjou), Roman Nose und Medicine Man (Cheyenne), Little Chief und Sorrel Horse (Arapaho) die Powder River Jagdgebiete. Am 21. Dezember gelingt es der indianischen Streitmacht, in der als „Fetterman Massaker" bekannten Schlacht den Soldaten eine Niederlage zuzufügen, allerdings unter großen eigenen Verlusten.

1867   Ständige Angriffe Red Clouds und der Verbündeten auf die Holztransporte nach Fort Kearney. Am 1. August wird die indianische Streitmacht im sogenannten „Wagon Box Fight" geschlagen.

Im Oktober finden die ersten Gespräche zwischen Captain Dandy und indianischen Vertretern über die Schließung der Forts statt.

Die Cheyenne unter Black Kettle und die verbündeten Arapaho sowie Kiowas und Comanchen unterzeichnen den Friedensvertrag von Medicine Lodge Creek. Darin verpflichten sie sich, südlich des Arkansas-Flusses zu bleiben.

1868   Im April beginnen Friedensverhandlungen. Vertreter der Oglala, Brulé, Minneconjou, Yanktonai, Hunkpapa, Sihasapa, Cuthead, Two Kettle, Sans Arcs, Santee und Arapaho unterzeichen den Friedensvertrag von Fort Laramie. Der Vertrag stellt heute die wichtigste Basis aller Landansprüche der Lakota dar. Er legte die Grenzen der „Great Sioux Reservation" fest und bezeichnete die Gebiete für ungestörte und ausschließliche Nutzung („Unceded Indian Territory"). Den USA wurde der Bau von Straßen, Telegraphenleitungen etc. unter der Bedingung der Schließung aller Forts und dem Verbot der Besiedlung der „Unceded Indian Territory" gestattet.
Im August werden die Forts Smith und Kearny aufgelassen.
In der Nacht vom 26. November greift Lieutenant Colonel George Armstrong Custer auf Befehl von General Sheridan, unterstützt durch Osage-Scouts, das Dorf von Black Kettle am Washita-Fluß an und zerstört es vollständig.

1870   Red Cloud und 22 weitere Lakota, darunter Sitting Bull, Spotted Tail, Swift Bear, Red Shirt, American Horse und Little Wound werden zu Verhandlungen nach Washington eingeladen. Möglicherweise wurden ihnen erst bei dieser Gelegenheit alle Passagen des Vertrages von 1868 in vollem Umfang erklärt.

Die US-Regierung teilt jeder Agentur, die für die Verwaltung der Indianer auf der Reservation zuständig war, eine christliche Konfession zu.

1871	Der Kongreß beendet die Praxis, mit Indianern Verträge abzuschließen. Fortan bestimmen Gesetze und Verordnungen die Beziehungen zwischen der Regierung und den Indianern. Bestehende Vertragsrechte bleiben aufrecht.
1874	Eine Expedition von 1000 Soldaten unter dem Kommando von Lieutenant Colonel Custer untersucht die Goldvorkommen in den Black Hills. Die Entsendung dieser Expedition stellt einen Bruch des Vertrages von 1868 dar.
1875	Im Auftrag der Bundesregierung versucht eine Kommission erfolglos die Lakota zu überzeugen, die vertraglich zugesicherten Black Hills aufzugeben. Am 9. November ergeht der Befehl von General Sherman an die Oberbefehlshaber der Armee, keinen Widerstand gegen die weißen Siedler, die in die „Great Sioux Reservation" strömen, zu leisten. Mit Dezember ergeht eine Weisung des Indianerbeauftragten im Innenministerium an sämtliche Agenturverwalter, sofort alle Indianer auf die Reservatsagenturen zu beordern. Andernfalls würden sie von der Armee als feindlich eingestuft werden. Zu diesem Zeitpunkt befinden sich die meisten Lakota in ihren vertraglich garantierten Jagdgebieten („Unceded Indian Territory") südlich und westlich der Reservation.
1876	Im Februar ergeht der Auftrag vom Innenministerium an das Kriegsministerium, die Lakota außerhalb der Reservation zu kontrollieren. Der Kongreß verfügt, die vertraglich garantierten Rationen einzustellen, solange die Black Hills nicht verkauft werden. Das Gesetz ist als „Sell or Starve Bill" bekannt geworden. Im März beginnt eine Militärkampagne unter General George Crook. Nach einer Reihe von Gefechten kommt es am 25. Juni zur Schlacht am Little Bighorn. Mehrere tausend Krieger der Lakota, Cheyenne und Arapaho vernichten die Siebente Kavallerie unter Lieutenant Custer. Der Ort der Schlacht wird heute als „Custer's Last Stand" bezeichnet. Die US-Armee versucht, die nun wieder in kleine Gruppen zerstreuten Lakota, Cheyenne und Arapaho zu entwaffnen und auf die Agenturen zu bringen. Eine Kommission unter George W. Manypenny, Bischof Henry B. Whipple und A. S. Gaylord versucht mit Mitteln der Überredung und Drohung die Lakota zur Aufgabe der Black Hills zu bewegen. Es gelingt ihr, daß 10 Prozent der Lakota das Abkommen unterzeichnen. Obwohl nach dem Vertrag von 1868 für Landabtretungen jeder Art eine Dreiviertel-Mehrheit der erwachsenen männlichen Lakota notwendig ist, genügt der US-Regierung die Anzahl der Unterschriften. 1980 gibt der Oberste Gerichtshof den Vertragsbruch seitens der USA zu.
1877	Das „Black Hills"-Abkommen wird Gesetz. Die Lakota verlieren nicht nur diese, sondern auch sämtliche Gebiete des „Unceded Indian Territory". Sitting Bull flüchtet mit einer Hunkpapa-Gruppe nach Kanada. Ermordung von Crazy Horse im Fort Robinson.

| 1878 | Eine Regierungskommission besucht die „Great Sioux Reservation" um die Agenturen für Red Cloud (Oglala) und Spotted Tail (Brulé) festzulegen.

Diese heißen heute Pine Ridge und Rosebud. Die Lower Brulé haben sich zu diesem Zeitpunkt bereits am Westufer des Missouri niedergelassen, am gegenüberliegenden Ufer befindet sich für die Yanktonai die Crow Creek Agentur. Im nördlicheren Teil der Reservation wird für die Two Kettles, Sihasapa, Minneconjou und Sans Arcs die Cheyenne River Agentur, im südlichen Teil der Reservation für die Hunkpapa, Teile der Sihasapa und Upper Yanktonai die Standing Rock Agentur eingerichtet. Allen Agenturen werden Agenturverwalter zugeordnet.

Trotz Anfängen in der Landwirtschaft, die in ihrer Dimension zunächst über den Gartenbau nicht hinausgeht, sind alle Lakota vollständig von Rationen und Annuitäten abhängig.

| 1880 | Captain Pratt gründet in Pennsylvania die Carlisle Schule. Führende Lakota befürworten die Schulbildung, müssen aber feststellen, daß die Kinder im Internat ohne ihre Zustimmung getauft, einheitlich gekleidet und mit dem Verbot, die eigene Sprache zu sprechen, erzogen werden.

Der Kongreß beginnt die vertraglich festgelegten Rationen um zwei Drittel zu kürzen.

| 1881 | Nachdem die kanadische Regierung Sitting Bull keine Unterstützung gewährt, kehren sie dem Hungertod nahe zurück. Sitting Bull, Rain-in-the-Face, Gall u. a. werden als Kriegsgefangene behandelt und kommen unter Arrest.

| 1882 | Besuch einer Kommission auf der Reservation, die über weitere Landabtretungen von 44.000 km² verhandelt. Der Kongreß besteht auf eine Dreiviertel-Mehrheit der Lakota, was die Bemühungen zum Scheitern brachte.

Beginnt eine weitere Diskussion über die Aufteilung der Reservation. Stammesland soll in Privatparzellen an Familienoberhäupter übergeben und das verbleibende Land zur Besiedlung freigegeben werden.

Gründung der „Indian Rights Association", die wie die christlichen „Indianerfreunde" den privaten Landbesitz für die indianische Bevölkerung als Maßnahme der „Zivilisierung" befürworten.

Alle Reservationen der USA werden für christliche Kirchen und Organisationen geöffnet. Im Zeitraum von 1665–1965 haben ca. 34 unterschiedliche christliche Glaubensgemeinschaften bei den Lakota missioniert.

Auf der Standing Rock Reservation werden römisch-katholische Kirchen gebaut, die teilweise von österreichischen Benediktinern geleitet werden.

| 1884 | Sechs Tagesschulen und eine Internatsschule („Boarding School") werden auf der Pine Ridge Reservation gegründet.

| 1885 | Am 16. Oktober erhält der Agenturverwalter McGillycuddy von Pine Ridge die Sondererlaubnis, Nahrungsmittelrationen für Familien, die ihre Kinder nicht in christliche Schulen schicken, einzustellen bzw. zu kürzen.

1887	Der „General Allotment Act" oder „Dawes Act", der die Aufteilung von Stammesbesitz auf Einzelpersonen vorsieht, wird verabschiedet. Aufgrund dieses Gesetzes gehen bis 1934 zwei Drittel der gesamten Landbasis den Lakota verloren.
1888	Die Durchsetzung des „General Allotment Act" auf der „Great Sioux Reservation" bedarf eines eigenen Gesetzes („Sioux Act") und ist wieder von der Zustimmung von drei Viertel der männlichen erwachsenen Bevölkerung abhängig. Sitting Bull und Red Cloud machen ihren Einfluß unter den Lakota geltend und vorerst kann das Gesetz nicht verabschiedet werden.
	Eine Kommission unter General Crook bereist die Reservation und erhält unter Einbeziehung nicht-existenter Personen, Toter, Minderjähriger u. a. 4463 Unterschriften (bei 5678 Stimmberechtigten), die das Gesetz befürworten.
1890	Der „Sioux Act" tritt im Februar in Kraft. Sechs Einzelreservationen entstehen: Pine Ridge, Rosebud, Cheyenne River, Standing Rock, Lower Brulé und Crow Creek.
	Die Lakota verlieren ca. 11 Millionen Morgen Land (ca. 44.000 km^2). Das verbleibende Land wird für die Besiedlung geöffnet. Die vereinbarten Entschädigungszahlungen werden niemals im vereinbarten Ausmaß übergeben.
	Im März versuchen Short Bull, Kicking Bear und andere Lakota den Paiute-Propheten Wovoka, der durch die Einführung der Geistertanzzeremonie vielen Reservationsindianern ein neues Selbstbewußtsein vermittelt. Pine Ridge, Rosebud und Cheyenne River werden als Zentren der Restaurationsbewegung angesehen.
	Die Öffentlichkeit wird, forciert durch Pressemeldungen, die einen neuen Indianerkrieg beschwören, verunsichert und fordert Militär. Die Armee übernimmt mit der Neunten Kavallerie und der Zweiten Infanterie das Kommando über Pine Ridge.
	Präsident B. Harrison veranlaßt, Sitting Bull von Standing Rock zu entfernen. Der angebliche „Aufrührer" wird bei seiner Verhaftung von Lakota-Polizisten erschossen.
	Big Foot verläßt mit einigen Minneconjou die Cheyenne River Reservation um bei Red Cloud auf Pine Ridge Zuflucht zu suchen. Die Siebente Kavallerie findet die Gruppe bei Wounded Knee. Am 29. Dezember, bei der Entwaffnung der Indianer, die sich bereits ergeben haben, löst sich ein Schuß, worauf das Kanonenfeuer auf Unbewaffnete eröffnet wird.
1904	Die Landaufteilung der „Great Sioux Reservation" an Einzelpersonen (Allotments) wird durchgeführt. Die Zuteilung von Parzellen ist bis 1920 abgeschlossen. Viele Lakota können ihre Parzellen nicht bewirtschaften und sind gezwungen das Land zu verkaufen oder zu verpachten. Die Erbteilung nach amerikanischem Gesetz trägt zur weiteren Zersplitterung bei. 1910 werden 5600 km^2 der Pine Ridge Reservation zur Besiedlung freigegeben. Von den ca. 11.000 km^2, die die Pine Ridge Reservation 1889 umfaßte, sind heute 90 Prozent in Besitz oder Pacht von Weißen.
1923	Rechtsanwälte bringen erstmals für die Lakota eine Klage zur Rückgabe der Black Hills vor dem „Court of Claims", der ausschließlich eine finanzielle Entschädigung anbietet. Erst im Jahre 1942 wird die Klage abgewiesen.
1924	Indianer werden zu US-amerikanischen Staatsbürgern.

1928	Der im Auftrag des Innenministers erstellte Forschungsbericht „Meriam Report" belegt die katastrophale Situation indianischer Bevölkerungen und beeinflußt die Indianerpolitik kommender Jahrzehnte, die als „New Deal" bezeichnet wird.
1934	Der „Indian Reorganization Act" wird verabschiedet. Eine beschränkte Selbstverwaltung nach amerikanischem Muster wird eingeführt und die Landaufteilungen (Allotments) werden gestoppt. Die vorgeschlagene Regierungsform läßt die Bildung „demokratisch gewählter" Stammesregierungen zu, die Form dieser Regierung kann von den Lakota aber nicht gewählt werden. In Pine Ridge stimmen 1169:1095 für diese Form der Selbstverwaltung. Viele Stimmberechtigte bleiben der Wahl fern.
1941	Rund 25.000 Indianer, darunter viele Lakota, werden beim Eintritt der USA in den Zweiten Weltkrieg eingezogen und kämpfen in Europa.
1946	Verabschiedung des Gesetzes „Indian Claims Commission Act". Das Mandat der Kommission regelt jedoch nur finanzielle Entschädigungen und nicht die Rückgabe von Land.
1950	Einbringung der Klage um die Rückgabe der Black Hills vor der „Claims Commission", die zunächst abgewiesen und 1958 wieder aufgenommen wurde.
1968	In Minneapolis ensteht das „American Indian Movement" (AIM). Die Organisation wurde ursprünglich zur Bekämpfung von Polizeiübergriffen von Stadtindianern gegründet, entwickelt sich jedoch rasch zu einer pan-indianischen Bewegung.
1970	Der „Tribally Controlled Community College Act" wird von verschiedenen Stammesvertretern durchgesetzt und bildet die gesetzliche Grundlage für indianische Colleges.
1971	Auf der Reservation Rosebud entsteht das „Sinte Gleska College", auf der Pine Ridge Reservation das „Oglala Lakota College". Beide Institutionen bieten heute Ausbildungsmöglichkeiten bis zum „Bachelor" an. Das „Oglala Lakota College" hatte im Jahr 1989 mehr als 1000 Studenten.
1972	Indianer vieler Reservationen marschieren im „Trail of Broken Treaties" nach Washington und präsentieren einige Tage vor der Präsidentenwahl ein Forderungsprogramm zur Verbesserung der Beziehungen zwischen Indianern und der USA. Teilnehmer des Marsches besetzen das Gebäude des BIA. Die beschlagnahmten Dokumente belegen Korruption und Mißmanagement des Indianerbüros.

1973	Durch die spektakuläre Besetzung des Ortes Wounded Knee (Pine Ridge Reservation) durch AIM und Lakota-Traditionalisten erfährt die Weltöffentlichkeit von der Situation der US-Indianer.
1974	Die „Claims Commission" setzt den Wert der Black Hills um 1877 mit 17,1 Dollar Millionen fest. Dies entspricht 0,000585 Dollar pro m^2 Land. Eine Kompensation für die Entnahme von Bodenschätzen wie Gold und Uran wird nicht zuerkannt.
1975	Verabschiedung des „Indian Self-Determination and Education Assistance Act", der den Stammesregierungen ein gewisses Mitspracherecht an Bundesprogrammen für Indianer einräumt.
1977	Vertreter der Lakota nehmen in Genf an der UNO-Konferenz zur Situation der indianischen Völker Nord-, Süd- und Mittelamerikas teil.
1979	Gerichtsentscheid des „Court of Claims" bezüglich der Black Hills: „Einen ungeheueren und gröberen Fall von unehrenhaftem Verhalten wird man aller Wahrscheinlichkeit in unserer Geschichte nicht finden." Die US-Regierung legt gegen das Urteil Berufung ein.
1980	Der Oberste Gerichtshof bestätigt das Urteil des „Court of Claims". Der Anspruch der Lakota auf finanzielle Entschädigung für die Black Hills wird mit 17 Millionen Dollar sowie 85 Millionen Dollar Zinsen anerkannt. Die Rückgabe des Landes ist bis heute abgewiesen worden. Infolge der Verzinsung ist die Summe auf über 200 Millionen Dollar angewachsen.
1981	Gründung der Wochenzeitung „Lakota Times" auf der Pine Ridge Reservation.
1982	Medizinmänner und traditionelle Lakota und Cheyenne reichen eine Klage gegen Tourismusaktivitäten am „Bear Butte" ein. Das Gebiet in den Black Hills ist Ort der Visionssuche. Obwohl freie Religionsausübung in der Verfassung festgeschrieben und für Indianer in einem eigenen Gesetz bestätigt ist, entscheidet das Bezirksgericht, daß das zwingende Interesse des Staates Süd-Dakota am Tourismus das indianische Interesse an Religionsausübung überwiege. Der Oberste Gerichtshof weigert sich 1983 den Fall anzuhören. Der „Oglala Sioux Tribe" bringt eine weitere Klage gegen die „Homestake Goldmine" ein. Die Klage wird wegen Unzuständigkeit des Gerichtes abgewiesen. Im Rahmen der UN-Menschenrechtskommission wird in Genf die „Working Group on Indigenous Populations" (Arbeitsgruppe für eingeborene Völker) eingerichtet. Das Mandat dieser Arbeitsgruppe besteht vor allem in der Formulierung internationaler Rechtsnormen, die bis 1992 in einer Deklaration der Menschenrechte für eingeborene Völker münden werden. Gründung der Lakota-Radiostation „KILI" in Porcupine auf der Pine Ridge Reservation sowie Gründung des „Black Hills Steering Committee". Im Rahmen dieser Organisation bringen die Lakota einen Gesetzesantrag zur Rückerlangung der Black Hills ein. Der demokratische Senator Bill Bradley unterstützt den Antrag im Senat.

1985   Sitanka Wokiksuye – in Gedenken an Big Foot. Auf der Pine Ridge Reservation findet der erste Ritt in Gedenken an Big Foot und das Massaker von Wounded Knee statt.

1988   Die UN-Menschenrechtskommission in Genf beschließt gegen den Widerstand vieler Staaten die Durchführung einer Expertenstudie über den völkerrechtlichen Status von Verträgen (Abkommen und Abmachungen) zwischen eingeborenen Völkern und Nationalstaaten.

1990   Zum hundertsten Mal jährt sich das Massaker von Wounded Knee. Auf Initiative der „Lakota Times" erklärt Governor George Mickelson dieses Jahr zum „Year of Reconciliation" (Jahr der Versöhnung).

DIE PHOTOGRAPHEN

David Frances Barry
geboren 1854 in Honeoye Falls, N. Y.
gestorben 1934 in Superior, Wisconsin

1861	Die irische Einwandererfamilie Barry reist westwärts und läßt sich in Ostego, Wisconsin, nieder.
1862	Übersiedlung nach Columbus. Als Jugendlicher lernt Barry den Reisephotographen Goff kennen.
1878	Lehrling im Photostudio Goff in Bismarck, D. T.
ab 1879	Während des Aufenthaltes von Goff in Fort Meade führt Barry das Studio.
ab 1880	Aufenthalte im Fort Yates und auf der Standing Rock Agentur, im Mai d. J. eröffnet er sein mobiles Photostudio in Fort Buford.
1881/82	Aufenthalte in den Forts McGinnis und Buford.
1883	Sommeraufenthalt in Fort Custer, Montana.
1884	Barry mietet das Studio Goff in Bismarck. In seinem späteren Katalog bietet er Photographien von Goff und Notman als seine eigenen an.
1886	Erste Photographien von Little Bighorn anläßlich des 10. Todestages von Custer (in den folgenden Jahren bereist er immer wieder das Schlachtfeld).
1890	Verkauf des Studios in Bismarck an William DeGraff; Nachfolger hier auch als H. G. Klenze bezeichnet.
1890–97	Verschiedene Photostudios in Superior.
1897	Übersiedlung nach New York. Aufnahmen der Buffalo Bill Wild West Show.
1898	Rückkehr nach Superior.
1926	Aufnahmen des 50. Jahrestages der Custer-Schlacht.

Orlando Scott Goff
geboren 1843 in Connecticut
gestorben 1917 in Idaho

1861–65	Soldat der 10. Connecticut Infanterie im Bürgerkrieg.
ab 1866	wohnhaft in Lyons, N. Y., erste photographische Arbeiten entstehen.
um 1870	Reisephotograph bei Portage, Wisconsin.
1871	kommt er mit der Northern Pacific Railroad in die Dakota Territories und wird von Stanley J. Morrow in Yankton angeheuert.
1872	Reise entlang des Missouri, Besuch der Forts Buford und Stevenson; er eröffnet im Herbst eine photographische Galerie in Bismarck, D. T., Main St.
1873	Reise nach Fort McKeen und Lincoln. Eröffnung des Studios Goff & Ford im Fort Abraham Lincoln.
1875	Übersiedlung nach Fort Lincoln.
1886	Ende d. J. eröffnet er eine Zweigstelle im Fort Custer, Montana.
um 1877	zirkuliert zum ersten Mal die Photographie von Chief Joseph, die auch Frank Jay Haynes, der zu diesem Zeitpunkt in diesem Gebiet war, zugeschrieben werden kann.
1878	Eröffnung eines neuen Studios in Bismarck, D. T.
1881	photographiert er Sitting Bull (voraussichtlich die erste Aufnahme).
1884	Im Frühjahr vermietet er sein Studio an Barry und reist im Herbst nach Fort Assiniboine.
1886	eröffnet er neuerlich ein Photostudio in Fort Custer.

DAS PHOTOSTUDIO VON D. F. BARRY
in Superior, Wisconsin um 1900.

bis 1888	Krankenhausaufenthalt in Chicago.
um 1896	wohnhaft in Dickinson, N. D.
1898	Studio in Havre, Montana und in Fort Assiniboine, das durch den Abzug der Truppen in den spanisch-amerikanischen Krieg geschlossen werden muß.
um 1900	wird das Havre-Studio durch Brand zerstört. Barry hat zu diesem Zeitpunkt voraussichtlich alle Glasplatten Goffs aus dem Studio in Bismarck übernommen.
ab 1906	Ruhestand und Übersiedlung nach Idaho.

Clarence Grant Morledge
(auch Clarence Morledge Grant)
gestorben 1948
Photographische Tätigkeiten um 1880 vor allem im Gebiet von Süd-Dakota und Nebraska. Ein wichtiger Teil seiner Arbeiten entstand nach den Ereignissen von Wounded Knee 1890/91, die von Trager oder der Northwestern Photographic Company vertrieben wurden. Seine Photographien sind mit den Initialen „C.G.M." gekennzeichnet.

George E. Trager
(auch Traeger)
geboren in Deutschland?

1876	Einwanderung aus Deutschland.
1889	wohnhaft in Chadron, Nebraska. Er kauft gemeinsam mit seinem Partner Fred Kuhn die Miss A. Luce's Bon Ton Gallery.
1890	bereist er auf der Suche nach sensationellen Bildern des Geistertanzes mehrere Male die Pine Rigde Reservation. Gemeinsam mit General Miles erreicht er am 30. Dezember Wounded Knee und photographiert mit Morledge den Ort des Massakers.
1891	Gründung der Vertriebsfirma Northwestern Photographic Company.
1892	Verkauf der Chadron Gallery und Übersiedlung in das Gebiet des Yellowstone Parks. Ansiedlung in Fremont, Nebraska, Gründung von Steadman & Trager, Tätigkeiten und Wohnorte nach Fremont unbekannt.

John C. H. Grabill

1886	Gründung eines Photostudios im MacIntyregebäude in Sturgis, D. T., Porträtaufnahmen von Soldaten in Fort Meade.
nach 1887	auch in Deadwood, Lead und Hot Springs ansässig.
bis 1891	photographiert er in den Black Hills und Umgebung.
1891	Gemeinsam mit C. G. Morledge, W. R. Cross, möglicherweise auch A. G. Johnson dokumentiert er Wounded Knee und die Reservation Pine Ridge.

Alexander Gardner
geboren 1821 in Paisley, Schottland
gestorben 1882 in Washington, D. C.

| 1835 | Lehrling bei einem Juwelier. |

um 1842	Übersiedlung nach Glasgow, Reporter für die Tageszeitung „Sentinel".
1856	Emigration. Anstellung in Mathew B. Bradys Galerie in New York, die er bald als Geschäftsführer leitet.
1861/62	Photographien des amerikanischen Bürgerkrieges. Nach Auseinandersetzungen mit Brady über das Copyright seiner Photographien gründet er u. a. mit Timothy O'Sullivan eine eigene Galerie. In der Potomac-Armee dient er als Captain bzw. Armeephotograph und wird mit dem Geheimdienst in Verbindung gebracht.
1866	erscheint das „Photographic Sketchbook of the War".
1867	Offizieller Photograph der Union Pacific Railroad. Er dokumentiert den Chisholm Trail (Kansas, Texas und Kalifornien).
1868	Als Regierungsphotograph erreicht er am 24. April Fort Laramie und photographiert als einziger die Friedensverhandlungen mit den Plains-Indianern. In späteren Jahren Delegationsphotograph der indianischen Vertreter in Washington.
1873	photographiert er für die Washingtoner Polizei ein Verbrecheralbum.

Frank A. Rinehart
geboren 1862 in Illinois
gestorben 1929

	Sohn des Photographen Alfred Evan Rinehart, Partner von William H. Jackson in Denver, Col.
ab 1886	in Omaha, Nebraska ansässig.
1898	entstehen mit dem Assistenten Adolph F. Muhr im Auftrag des Bureau of American Ethnology die Photographien der Ausstellung „Transmississippi and International Exposition" in Omaha.

Literatur für Interessierte

Christian F. Feest (Edit.)
Indians and Europe. An Interdisciplinary Collection of Essays
Edition Herodot 1987

Christian F. Feest
Das Rote Amerika – Nordamerikas Indianer
Europa Verlag 1976

Roy Harvey Pearce
Savagism and Civilization – A Study of the Indian and the American Mind
University of California Press, 1988

Peter Bolz
Ethnische Identität und kultureller Widerstand – Die Oglala-Sioux der Pine Ridge Reservation in Süddakota
Syndikat Verlag 1986

Peter Schwarzbauer
Der Lakota-Report – Ein Volk kämpft ums Überleben
Verlag für Amerikanistik 1986

Gesellschaft für bedrohte Völker – Österreich, Peter Schwarzbauer (Hrsg.)
Indianer Nordamerikas – Gegenwart und Vergangenheit
Eigenverlag 1989

Joseph S. Karol, Stephen L. Rozman
Everyday Lakota – An English-Sioux Dictionary for Beginners
Rosebud Educational Society 1971, St. Francis Mission, S. D. 57572

Tim Giago (Edit.)
Wochenzeitung LAKOTA-TIMES
1920 Lombardy Drive, Rapid City, S. D. 57701

Royal B. Hassrick
Das Buch der Sioux
Diederichs Verlag 1981

Hans Christoph Buch
Tatanka Yotanka oder Was geschah wirklich in Wounded Knee?
Wagenbach Verlag 1979

Wilhelm Wildhage
Die Winterzählungen der Oglala
Verlag für Amerikanistik 1988

Wolfgang Haberland
Ich, Dakota – Pine Ridge Reservtion 1909. Photographien von Frederick Weygold
Dietrich Reimer Verlag 1986

Paula Richardson Fleming, Judith Luskey
Die Indianer Nordamerikas in frühen Photographien
C. H. Beck Verlag 1988

Sonja Schierle
Funktion einer Survival School für städtische Indianer
Franz Steiner Verlag 1981